新零售发展研究
——以贵州黔彩连锁便利店为例

Research on New Retail Development
—A Case Study of Guizhou Qiancai Chain Store

肖正中 嵩 涛 蒋 伟 欧齐备 谭 建／著

图书在版编目（CIP）数据

新零售发展研究：以贵州黔彩连锁便利店为例/肖正中等著. —北京：经济管理出版社，2021.2

ISBN 978-7-5096-7795-7

Ⅰ.①新… Ⅱ.①肖… Ⅲ.①零售业—商业经营—研究—贵州 Ⅳ.①F713.32

中国版本图书馆 CIP 数据核字（2021）第 038474 号

组稿编辑：杨国强
责任编辑：杨国强　白　毅
责任印制：黄章平
责任校对：张晓燕

出版发行：经济管理出版社
　　　　　（北京市海淀区北蜂窝 8 号中雅大厦 A 座 11 层　100038）
网　　址：www.E-mp.com.cn
电　　话：（010）51915602
印　　刷：北京虎彩文化传播有限公司
经　　销：新华书店
开　　本：720mm×1000mm/16
印　　张：12
字　　数：202 千字
版　　次：2021 年 3 月第 1 版　2021 年 3 月第 1 次印刷
书　　号：ISBN 978-7-5096-7795-7
定　　价：98.00 元

·版权所有　翻印必究·
凡购本社图书，如有印装错误，由本社读者服务部负责调换。
联系地址：北京阜外月坛北小街 2 号
电　话：（010）68022974　　邮编：100836

前　言

　　本书在对行业政策、卷烟营销网建现状、新零售发展的调研分析基础上，根据"线上+线下""直营+加盟""卷烟+非烟"的工作思路，研究了新零售与卷烟营销网络渠道融合品牌培育模式及黔彩新零售连锁便利店发展路径，按照品质零售、智慧零售、跨界零售和绿色零售的发展方向，通过黔彩新零售人、货、场数据分析，探索新零售数字化智慧运营机制，致力于形成"主辅互补、协调发展"的工作格局，破解获取"工商零"共同面向消费者营销"最后一公里"市场信息难题，以期通过资源整合塑造终端建设新模式，为增强行业渠道掌控力提供新的思路与方法。

　　该书不仅凝聚了课题组成员的辛劳，更积淀着贵州省烟草专卖局（公司）与贵州烟草投资管理有限公司众多同事的心血。贵州省烟草专卖局（公司）副总经理陈熹对笔者相关的研究工作给予关心和支持，卷烟销售管理处、信息中心对黔彩新零售的研究工作高度重视，周华、吴霁霖、杨春、周宏等同志在写作过程中提供的具体帮助，笔者在此一并致以衷心的感谢。

目　录

第一章　新零售概论 ··· 1

第一节　新零售概念 ··· 1
第二节　新零售产生原因 ··· 3
  一、互联网市场红利消退 ·· 3
  二、消费升级 ··· 4
  三、技术迭代 ··· 5
第三节　新零售的实践 ·· 5
  一、新零售的"全生态"模式 ·· 6
  二、场景体验下的多渠道品牌专卖 ···································· 8
  三、拓展用户需求的自营优选模式 ···································· 9
  四、智慧零售模式 ·· 10
第四节　新零售的理论 ·· 12
  一、理论基础 ··· 12
  二、创新理念 ··· 13
  三、发展路径 ··· 14

第二章　黔彩新零售连锁便利店发展路径研究 ······················ 17

第一节　连锁便利店发展分析 ·· 17

一、连锁零售发展分析 …………………………………………… 18
　　二、便利店发展分析 ……………………………………………… 19
　　三、连锁便利店影响因素研究 …………………………………… 21
第二节　黔彩新零售发展思路 ………………………………………… 26
　　一、黔彩新零售产生的背景 ……………………………………… 26
　　二、黔彩新零售模式的意义 ……………………………………… 28
　　三、黔彩新零售的内涵 …………………………………………… 30
　　四、黔彩新零售连锁便利店发展思路 …………………………… 31
第三节　黔彩新零售连锁便利店发展具体措施 ……………………… 33
　　一、品牌塑造 ……………………………………………………… 34
　　二、消费引领 ……………………………………………………… 34
　　三、赋能服务 ……………………………………………………… 34
　　四、全域营销 ……………………………………………………… 35
　　五、数字变革 ……………………………………………………… 35
第四节　本章小结 ……………………………………………………… 36

第三章　黔彩新零售品牌培育模式与路径 ……………………………… 37
第一节　黔彩新零售品牌建设模式 …………………………………… 38
　　一、提出依据 ……………………………………………………… 38
　　二、模式内涵 ……………………………………………………… 39
　　三、模式要素 ……………………………………………………… 41
第二节　黔彩新零售品牌建设路径 …………………………………… 44
　　一、体系融合，品牌共建 ………………………………………… 44
　　二、平台融合，数据共享 ………………………………………… 47
　　三、服务融合，运行共维 ………………………………………… 49

四、监管融合，规范共管 ································· 50

　　五、机制融合，形成合力 ································· 51

第三节　本章小结 ·· 52

第四章　黔彩新零售会员价值研究 ·························· 53

第一节　会员数据收集 ·· 53

第二节　会员基础数据分析 ···································· 54

第三节　会员价值分析 ·· 55

　　一、RFM 模型概述 ······································· 55

　　二、黔彩新零售会员价值层次化 RFM 模型指标 ············· 56

　　三、黔彩新零售会员价值结果分析 ························ 60

　　四、会员生命周期管理 ·································· 63

第四节　会员最优折扣模型 ···································· 64

　　一、统一折扣模型 ······································ 65

　　二、统一折扣与积分模型 ································ 66

　　三、模型仿真 ·· 67

　　四、结论 ·· 69

第五节　本章小结 ·· 70

第五章　黔彩新零售会员管理研究 ·························· 71

第一节　黔彩新零售会员购买行为分析 ·························· 71

　　一、总体分析 ·· 71

　　二、购买频率分析 ······································ 75

　　三、购买价格 ·· 78

　　四、购买单数 ·· 80

　　　　五、购买数量 ··· 81

　　　　六、购买金额 ··· 82

　　　　七、会员积分 ··· 84

　第二节　分类别会员购买行为分析 ·· 85

　　　　一、分类别商品会员购买数量分析 ·· 85

　　　　二、分类别商品会员购买单数分析 ·· 87

　　　　三、分类别商品会员购买金额分析 ·· 90

　第三节　分时间会员购买行为分析 ·· 93

　　　　一、分月份会员购买行为 ·· 93

　　　　二、分时段会员购买行为 ·· 96

　第四节　会员转化率分析 ·· 98

　第五节　本章小结 ··· 100

第六章　黔彩新零售商品销售分析 ··· 102

　第一节　黔彩新零售商品销售总体分析 ··· 102

　第二节　卷烟类商品销售情况分析 ··· 104

　第三节　酒类商品销售情况分析 ··· 110

　第四节　分类 ABC 商品管理分析 ·· 116

　　　　一、ABC 分类管理法的原理 ··· 116

　　　　二、黔彩新零售连锁便利店商品管理现状 ································ 117

　　　　三、商品 ABC 分类优化 ·· 118

　第五节　黔彩新零售品牌培育分析 ··· 119

　　　　一、卷烟品牌培育体系设计的原则及框架 ································ 120

　　　　二、卷烟品牌培育体系 ·· 121

　　　　三、卷烟品牌培育方案 ·· 124

四、卷烟品牌培育方案实施与考核……………………………… 125

第六节 本章小结…………………………………………………………… 126

第七章 黔彩新零售连锁便利店分析……………………………………… 128

第一节 黔彩新零售连锁便利店概况……………………………………… 128

第二节 黔彩新零售连锁便利店成本与销售分析………………………… 129

一、不同类型……………………………………………………… 129

二、不同区域……………………………………………………… 130

三、不同商圈……………………………………………………… 131

四、不同区域不同类型…………………………………………… 132

五、不同商圈不同类型…………………………………………… 134

六、不同区域不同商圈…………………………………………… 136

第三节 黔彩新零售连锁便利店选址模型………………………………… 137

一、连锁便利店选址概述………………………………………… 137

二、连锁便利店区位选择分析…………………………………… 139

三、连锁便利店的选址选择分析………………………………… 143

第四节 本章小结…………………………………………………………… 153

第八章 黔彩新零售对标研究……………………………………………… 154

第一节 黔彩新零售运营管理指标体系…………………………………… 154

第二节 黔彩内部对标分析………………………………………………… 156

一、总体分析……………………………………………………… 158

二、区域分析……………………………………………………… 161

第三节 零售行业对标分析………………………………………………… 163

第四节 本章小结…………………………………………………………… 165

第九章　黔彩新零售数字化智慧运营研究……………………166

第一节　智慧零售发展分析……………………………………166
　　一、智慧零售的概念……………………………………………166
　　二、智慧零售的要素……………………………………………167
第二节　卷烟智慧零售现状……………………………………169
第三节　数字化卷烟智慧零售建设思路………………………172
　　一、三大场景实现数字运营……………………………………172
　　二、智慧平台实现数据融通……………………………………174
　　三、四维体系构建运营管理……………………………………175
　　四、四大预警支撑企业发展……………………………………176

参考文献………………………………………………………………179

第一章 新零售概论

第一节 新零售概念

2016年中国零售业面临重新洗牌时马云提出以消费者体验为中心的数据驱动的泛零售形态的新零售，新零售是目前区别于传统零售的一种新型零售业态的概念表达。同年国务院办公厅出台《关于推动实体零售创新转型的意见》，从调整商业结构、创新发展方式、促进跨界融合等方面为零售创新转型指明方向。由此，新零售引起社会的广泛关注。

阿里巴巴集团和京东集团作为21世纪初电子商务领域的"领头羊"，也成为新零售实践的领军企业。阿里巴巴集团董事局主席马云提出新零售后，阿里研究院对新零售做了经典注解，阿里巴巴集团从理论和实践中不断丰富新零售内涵。京东提出的"无界零售"虽与新零售存在差别，但本质趋向一致。阿里研究院认为新零售是以消费者体验为中心的数据驱动的泛零售形态，它具有以人为本、零售二重性、零售物种大爆发三大特征，新零售本质上是通过重构"人、货、场"三个核心要素，实现以消费者为中心的目标。京东认为零售的变革与进化均围绕成本、效率、体验三个方面的提升而进行。苏宁的"智慧零售"则是运用互联网、物联网技术,从而运用大数据感知消费习惯,预测消费趋势,引导生产制造,提供多样化、个性化的产品和服务。综合三方观点,零售的演化,形式上表现为"人、货、场"三个核心要素的变化,本质上围绕零售成本、效率、体验核心理念而进行。

在理论方面众多学者从不同的角度对新零售进行了研究与定义。徐印州和林梨奎(2017)认为新零售是零售本质的回归,是在数据驱动和消费升级时代,以全渠道和泛零售形态更好地满足消费者购物、娱乐、社交多维一体需求的综合零售业态。杨坚争等(2018)认为新零售主要体现在新业态、新人群、新品牌、新技术四个方面,它重新构建了人、货、场之间的关系。杜睿云和蒋侃(2018)从"新价值""新协同""新技术"的"三新"视角认为新零售是在现代信息科技发展的大背景下,传统零售或传统电商将物流、生产等价值创造环节或要素加入其中,通过运用大数据、人工智能等先进"互联网+"技术,实现协同与融合,甚至促进零售生态圈的形成,从而为消费者创造更多购物价值的零售新模式。施德俊(2018)认为新零售是基于新一代信息技术的应用,以最大限度满足消费者体验需求为中心,实现全社会零售商业运转效率最大化的一种零售形态。王宝义(2019)将新零售定义为通过大数据挖掘、分析消费者的切实需求,服务商将云计算、人工智能、新物流等创新能力融入所有流通环节,并结合深度融合的线上和线下渠道开展各类娱乐、社交、体验化的营销活动,从而使企业和消费者各方获得最大化效益和满足的零售方式。杜鹏等(2019)认为新零售是体现以消费者为中心、基于全渠道优化资源配置的综合零售业态。

零售是指包括所有向消费者直接销售商品和服务,以供其做个人及非商业性用途的活动①。新零售与传统零售一样向消费者直接销售商品和服务,本质仍然是成本、效率和体验。只是在当前社会与技术环境下,互联网技术、物联网技术

---

① 俞利军.市场营销导论[M].北京:华夏出版社,2000.

及大数据技术得到广泛应用，网络与实体店结合的多渠道销售方式通过业态创新、供应链重组和渠道变革，使得围绕消费者的"人、货、场"三者的关系发生了显著变化。因此，新零售更多的是从销售的模式或方法与技术上的实现进行定义。

第二节 新零售产生原因

关于新零售产生的原因，众多学者从不同的角度进行了总结与分析，深层的根源可以简单地归结于市场、消费和技术三个方面。

一、互联网市场红利消退

根据统计局数据，2019 年中国社会消费品零售总额为 41.2 万亿元，实物商品网上零售额为 85239 亿元。虽然全国零售总额再创新高，但我国社会消费品规模的增速近几年已经出现放缓的情况，并在 2019 年出现负值。特别是实物商品网上零售额 2012 年增速为 68%，但到 2019 年其增速为 -5%，具体如图 1-1 所示。

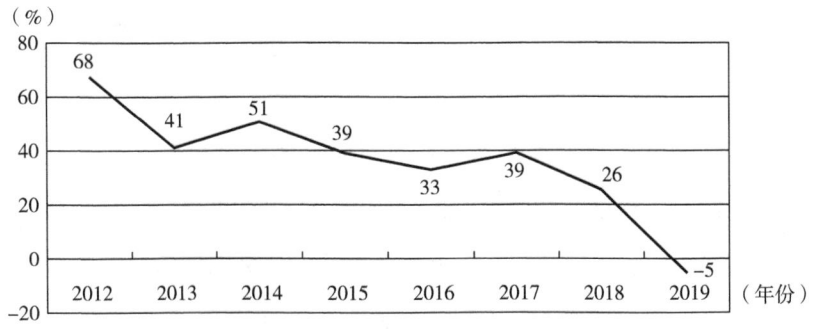

图 1-1 2012~2019 年实物商品网上零售额增长率趋势

我国连锁零售企业门店在 2012 年出现下降，之后每年呈快速上升趋势，特别是在提出新零售的 2016 年，连锁零售企业门店增长了 10.79%。具体如图 1-2 所示。

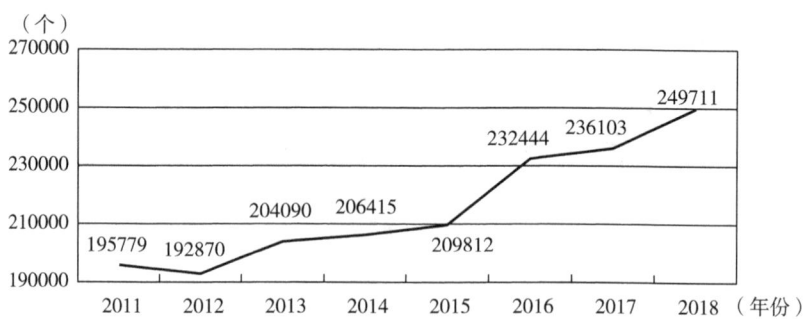

图 1-2　2011～2018 年连锁零售企业门店总数趋势

从上述数据可以看出，电商早期借助互联网红利获得了飞速的发展，而现在互联网的流量红利已经消失，纯电商模式的发展遇到瓶颈，为了能够获取客户流量，零售电商回归本质，发展线下连锁零售店，通过线上流量与线下体验相融合寻找新的增量，利用线上积累的消费数据和技术去赋能实体零售，如阿里巴巴与苏宁交叉持股，并投资银泰、百联等实体商业；腾讯与京东结成战略伙伴后相继投资万达、永辉等实体零售行业；京东 100 万家便利店计划。

二、消费升级

阿里《品质消费指数报告》显示：消费品市场结构持续优化，新兴业态快速增长，品质消费、绿色消费、智能消费等亮点频现，低端商品呈现下滑趋势，而高端消费则大幅增长，中高端及以上的商品消费金额在总消费中的上升意味着品质消费上升。在零售渠道上，大型零售业态面临压力，国家统计局数据显示：百货与超级市场零售主营业务收入在 2016 年达到高峰，为 21421.11 亿元，从

2017年起逐年开始下降，而连锁零售企业销售额不断增加，如图1-3所示，表明现在消费者希望能买到更为便利的商品，能够买到价格不高的品质好货。一方面，消费者偏好与习惯的改变对零售业提出了更高标准和要求，以电商为主的消费习惯促使零售业进行变革。另一方面，消费者选择的多样性，也给零售业带来忠诚度的两难选择。

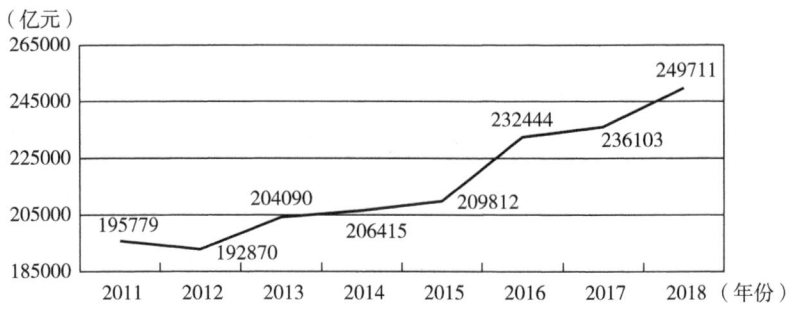

图1-3　2011~2018年连锁零售企业销售额变化趋势

三、技术迭代

互联网时代，移动支付技术的普及打破消费的时间和空间边界，物联网技术的应用实现了零售各环节的信息化和数字化，大数据和AI技术的落地帮助零售企业决策更加智能和精准，以技术为依托使零售业智能化的基础设施得到重塑，新兴技术不断迭代与应用是零售业向前发展的推动力。

第三节　新零售的实践

在新零售实践中，不同实体采用的商业模式也各有特点，具有不同的代表性，根据新零售业态创新、供应链重组和渠道变革三个方面，本书选择部分典型案例加以分析。

一、新零售的"全生态"模式

全生态模式以消费者为重，依托信息数据、人工智能等科技手段，对产品流通过程实现升级，重构零售生态圈。

（一）基于线上的新零售"全生态"模式

线上零售业态由于具备了大量的数据积累和用户基础，也得益于价格和互联网技术的优势，在线上线下零售市场竞争中往往具有一定的比较优势。本书重点分析阿里巴巴和京东两家基于线上零售的新零售全生态发展模式。

1. 阿里巴巴盒马鲜生

为了克服纯电商存在的体验性短板，阿里巴巴新零售发展战略主要遵循了平台和分享式的逻辑，重点在于投资实体零售商，拓展线下零售业务，其中最为著名的就是盒马鲜生。从业态创新来看，盒马鲜生既有生鲜超市业态、便利店业态，也拥有餐饮业态，同时也拥有送货上门的电商业态。通过电商渠道可以满足消费者的网上购物需求和实现物流直接配送，依托生鲜超市和便利店则可以实现线下的购物体验，而通过餐饮业态则实现了美食体验，促进生熟联动。在供应链重组方面，盒马鲜生运用大数据、移动互联网、智能物联网、自动化等技术及先进设备，实现人、货、场三者之间的最优化匹配，从供应链、仓储到配送环节，盒马都有自己的完整物流体系，实现了原料采购供应链协同。盒马鲜生通过供给侧结构性改革，给消费者提供价格最合理的产品。利用大数据平台，通过深度挖掘消费者数据，将数据不断沉淀，反向导入平台化体系，进而分析数据与数据之间的交叉网点，去理解消费者的具体诉求，利用前端的销售数据去影响后端的供应链生产，形成闭环后有效地控制成本。在渠道变革方面，采用线上线下全渠道商业模式，并构建了"仓库–店铺–客户"的最后3公里配送圈，通过大数据获取消费者地图，综合布局线下门店，并将线上交易产生的订单自主分配到就近的门店进行物流配送，从而缩短了从仓库调货和发货的时间，提高了消费者的购物体验性。承诺顾客无论是在店内购买还是在线上 App 下单，盒马鲜生依托有实力的快递企业以及较为成熟的物流体系，通过发挥全网化布局的规模效应，打造线上线下零售和物流渠道的拼图。

2. 京东

京东依托零售基础设施资源优势布局"无界零售"，通过消费者、场景、供应链与营销四个角度，打破生产商、品牌商和平台商之间的界限，以实现数据的充分融合及流动，进而全面推动行业效率的提升。从业态创新来看，在"全生态"下，京东从餐饮化（7FRESH：为消费者提供全渠道、全餐厨、全时段"三全"服务的美食生鲜社区餐桌美食店、社区生鲜店、社区便利店的综合升级版超市）到小面积业态（京东便利店：京东线下版本的创新型智能门店）都有所覆盖，其营业面积不大，但集约化程度高，有较强的扩张动能。在供应链重组方面，以京东垂直供应链包括全球直采、关键商品、解决方案、独家和自有品牌为主，以研发供应链和本地供应链为辅，从而实现优选精准化、餐饮标准化、需求满足本地化，来打造商品核心竞争优势，通过自建物流系统与其他巨头开展战略合作的形式发展新零售业态。在渠道方面，将线下延伸至如永辉超市、沃尔玛百货类的大门店，获取更多客户流量，依靠电商技术优势，通过第三方支付、实时配送等方式推动整个零售生态的发展。

（二）基于线下的新零售"全生态"模式

线下零售业态相比线上零售，虽然在消费者需求信息方面存在先天不足，但是线下实体端的视觉和使用体验，确是自身的先天优势。因此，苏宁线下零售业态的新零售逻辑便发挥自身的优势，通过增强实体零售业态在数据信息上的把握力度，顺应新体验经济下的消费趋势。在业态创新方面，苏宁采取了"大店＋小店"的两端布局形式，大店主要是建设云店和旗舰店，小店主要是建设服务站。

在一线和二线城市,苏宁布局了集家电、超市、母婴、餐饮等于一体的集成式生活广场,云店 2.0 版开设了品类专区体验,增强了消费体验感。在社区与农村,以直营店为载体,借助零售云为消费者提供 O2O、供应链和金融等功能。在供应链重组方面,苏宁智慧供应链是其核心,通过苏宁全场景的集合,运用大数据模型推导出产品的需求预测,形成柔性供应链,帮助供应商从传统的供应模式过渡到"以销定采"的模式,完成以消费者需求为主的 C2M 模式重要变革,在 C2B 模式上进行智能定价,实现仓储的自动预测补货和智能调拨。柔性供应链能更有效地让制造生产与销售相结合,通过自建物流系统,形成线上线下零售、仓、配一体化的供应链体系,实现高效供给。在渠道方面,苏宁拥有最全面的全渠道消费场景,涵盖线上线下、各线城市、多业态多品类的零售企业。苏宁易购将超市生鲜、酒水、辅食、玩具、童车童床作为重点发展类目,以苏宁小店、苏宁红孩子店为载体,补强超市、母婴供应链建设;百货方面重点拓展男装和运动类目。开放平台按照垂直类目打造,聚焦百货、超市、母婴、家装建材等品类,进一步加大商户培育力度,重点打造高价值商户成长体系,开放流量、数据等产品工具,赋能商户发展。苏宁小店定位于一线和二线城市的社区、城市 CBD、交通站点的便利服务,以便利店和独立 App 组合,满足消费者购物、餐饮、本地生活服务等各类需求,是苏宁易购战略中社区本地化入口、线上引流手段和解决最后一公里配送的线下网点。鲜生超市,是苏宁易购打通线上线下渠道,打造"生鲜+餐饮+超市"消费方式的复合业态精品超市。

二、场景体验下的多渠道品牌专卖

场景体验下的多渠道品牌专卖模式的特点是将自有品牌细化、拓宽业务覆盖面,布局线下一站式销售通道,多渠道专卖在线上通过打造品质和精品的电商平台,将原有产业链的部分产品实现品牌独立,为原有的在线商城减负,使消费者对企业品牌的认知重新聚焦到原始的核心产品上。

例如小米科技，在小米商城的基础上通过建立"米家有品"新平台将部分品牌产品独立化，原有的小米商城集中销售小米科技的传统优势商品，比如手机、电视、3C类等。米家有品则依托小米生态链，一边为小米商城减负，一边重点引入第三方优质商家，销售生态链上的净化器、电饭煲、电动牙刷、迷你洗衣机等产品，丰富在线商品的SKU，提供多样化选择，提升消费粘性。搭建线下渠道是新零售概念的重要特征之一，线下最显著的优势是现场体验，电商企业想要积累产品或者平台的品牌附加值，只通过在线方式是远远不够的，因此更需要积极拓宽线下网络，将咨询、体验、购物、物流、安装、售后等主要营销要素高效整合，最终提供一站式购买服务。例如苹果、OPPO、华为等手机厂商开设的线下体验店，通过各种展示、讲解和体验来促进消费，主打开创式购物，基本囊括了各自品牌旗下的全系列产品，包括3C、智能电脑、零部件、云服务等。

实体商业渠道多元化重点是线下向线上的拓展，需要结合现有的卖场、门店，联动互联网生态来布局新的用户流量入口，用新技术改善实体环境中的产品识别、自助支付、商品导航、室内定位、视频监控等多个环节。多渠道专卖以突出自有商品或者平台的品牌价值为主导，强调产品和服务体验方面的融合。实现渠道融合和品牌化需要一定的时间过程，需要从不同维度打通各个零售环节，在关注品质、突出品牌与社交元素的前提下在新零售的创新转型中进行新的探索与尝试。

三、拓展用户需求的自营优选模式

自营优选模式突出标准化要求，将平台上自己经营的产品统一向供应商直接采购后展示、销售，最后通过第三方物流直接配送至消费者，与"全生态"模式不同的是，自营优选在线下的聚焦点放在了产业链的后向一体化上，突出对于商品来源、品质和实体物流的管控，目的在于实现垂直化供应，保证终端买家在完整的购物环节中享受高品质服务。在销售前端，企业将通过C2F（消费者到厂家）扩大自营采购，依靠社交元素构建会员制的优选交易平台，类似 Costco。

C2F 实现按需生产、按量采购，加快产品流通，目的在于降低成本、减少供应商的资金压力和库存积压，从而降低最终售价。会员制是沿用实体商业会员卡的做法，在平台上针对粘性强的用户不再以传统"卖货"方式为盈利手段，消费者缴纳固定年费享受会员制电商"平进平出"的价格优惠，根据消费等级划分不同的服务内容。

在自营优选下，电商将网络、实体商业、新服务企业、风险投资、产业资本等要素整合成新资本来布局供应渠道，基于家庭消费特征，提供多品类、高频次的快速消费品、日用品和食品生鲜的适时供应。在农产品生鲜方面采用产地直供的方式，与种植户、中间渠道构建直接供销关系，辅助冷链和快捷配送等物流手段，类似于"盒马鲜生"和"超级物种"，但在品类选择和品质监控上更加丰富与严格。通过 C2F 和自营 ODM（Original Design Manufacture，原始设计制造），由平台根据消费需求数据选择对应品类，向事先经过线下检验认证的供应商下单，产品经过质检后入仓，通过物流直接配送。

自营优选模式经营的产品主要集中在消费大类，其消费速度快，使用周期短，通过向合作供应商包括直供地农户合作，直接采购能够降低其资金风险，缩短实际交货期。

四、智慧零售模式

随着互联网技术的发展，大量电商平台兴起，以苏宁、国美等为代表的实体零售业纷纷踏上了互联网数字化改造的道路。受传统零售运营思维影响，在第三次浪潮中真正发展起来的实体零售企业并不多，而苏宁凭借前瞻性思维完成了从"＋互联网"到"互联网＋"的转型，用科技赋能零售，实现全渠道的打通，成为第三次浪潮中智慧零售的引领者。如何运用零售运营流程中采集来的数据，实现消费场景、营销运营、配送物流、供应链之间互联和协同是实现智慧零售的关键。

2017年3月，苏宁控股集团董事长张近东作了题为《大力推动实体零售向智慧零售转型》的报告后，众多企业对智慧零售进行了大量的研究和实践。2017年6月，无人便利店品牌"缤果盒子"正式投入商用，其新推出的收银台可使用图像识别、超声波、传感器等多重交叉验证，准确率可超过99.9%；新的"动态货架"则可以通过摄像头捕捉更多用户信息，同时动态货架上还有专用的显示设备，可根据需要随时修改商品价格。2017年7月，阿里巴巴于淘宝购物节上展示了淘咖啡无人零售店，顾客可随意拿起想买的商品，或者通过店内的语音识别系统订购，离开时，入口处的系统会自动检测到顾客选择的商品并进行自动化电子划账结算。同月，优衣库的100家店铺推出"智能买手"——可以展示新品、优惠信息和推荐搭配并进行互动的智能屏幕。2017年9月，肯德基在中国推出人工智能技术面部识别功能，顾客通过虚拟菜单下单后，便可以在付款页面选择"面部扫描"进行付款，打造人工智能服务场景。2017年11月11日，苏宁易购开设三家苏宁易购无人店，实现全程刷脸购物。同时在旗下的互联网门店投入使用机器人"旺宝"，借助人工智能、自主运动规划、大数据等技术，识别消费者身份，并根据顾客个性化需求及其消费数据，开展相匹配的商品营销和其他服务，再同步将线下数据传至线上。2018年5月，家乐福与腾讯开启战略合作，借助腾讯的互联网工具、大数据和技术优势为消费者提供更加丰富有趣的互动场景，提升消费者购物体验。2018年6月7日，沃尔玛中国与腾讯共同重点围绕购物体验提升、精准市场营销、全面支付服务、强大会籍增值等多个领域开展深入的数字化和智慧化零售合作。

近年来，人工智能在机器视觉、语音、医疗图像等领域取得了突飞猛进的发展，某些方面的准确度已经达到甚至超过人脑的程度。例如，"人脸识别"在没有使用深度学习之前，达到90%的准确率还是非常困难的，在使用深度学习技术后，准确率可以达到99%以上，该技术在互联网支付、公共场所安检等领域已经有所应用。

国内深度学习人工智能巨头,如百度、讯飞、商汤、云从等;国外如谷歌、Facebook 等都在人工智能领域投入了非常多的人力、财力,在无人驾驶、人脸识别、智能语音等领域已经达到了实际可运用的地步。当前人工智能技术更多开始向行业内纵深发展,如银行、交通、公安、烟草、无人超市、农业等。人工智能技术发展得益于以下几个方面:第一,运算力的提升,主要体现在处理器和芯片性能的提升方面;第二,大数据技术的发展,使得全数据采集成为可能;第三,计算机技术的发展和程序开发整体水平的大幅提升,为算法及模型的设计应用开发提供了坚实的土壤。

第四节 新零售的理论

一、理论基础

对于新零售的支撑理论,部分学者认为新零售的理论是"新零售之轮"理论,"新零售之轮"从产业角度解释零售业态变化过程与规律,通过"技术边界线""等效用线""零售价格"和"零售服务水平"四个要素较好地解释了新零售出现的基本动因。"新零售之轮"理论正是阿里巴巴等企业以理念更新和技术革新为主线,努力推进新零售模式的一个重要理论支撑。赵树梅等(2017)认为,新零售理论根植于现代营销理论,而现代营销理论经历了一个从4Ps的市场营销组合到11Ps的全面市场营销理念再到4Cs的强调顾客满意、重视与顾客间沟通和交流的整合营销理论的发展过程,再到网络整合营销4I理论。4I理论包括趣味(Interesting)、利益(Interests)、互动(Interaction)、个性(Individuality）四个方面，成为当前营销管理理论研究的热点，对新零售具有较强的解释力。苏东风（2017）则基于消费者购物价值理论、商业生态圈协同理论、"互联网+"动态新技术的竞争能力理论三个方面对新零售进行了解释。潘建林（2019）在整合 Hamel 与 Oster Alder 的商业模型基础上，构建了新零售的价值主张、价值创造、价值获取、价值支撑的四构面商业模式，为新零售提供理论支撑。

二、创新理念

从目前已有理论与实践来看，新零售基本创新理念主要包含三个方面：

（一）价值创新

以消费者为核心的价值主张创新就是新零售的重要特征。价值传递是指企业以产品和服务为载体将价值主张传达给用户的途径（渠道模式）、方式（沟通模式）及企业如何与用户构建可持续的消费关系（客户模式）。新零售强调消费者价值在零售业各个环节价值传递的重要性，建立基于信任的持续互动社群关系，通过技术的革新及数据的联通，全渠道、多场景融合满足消费者购物、娱乐、社交多维需求及个性化增值服务。

由此可见，新零售是零售本质的回归，是以消费者需求为核心的消费体验升级为目标，以数据的驱动和技术的革新为基础，以泛零售和全渠道的形态为手段，最终实现为消费者提供购物、娱乐、社交多维一体服务的综合零售业态的整体创新。

（二）渠道创新

构建全渠道深度融合新型模式，通过对线上与线下平台、有形与无形资源进行高效整合与共享，实现全渠道物流资源与零售终端、采购策略与数据资源、营销策略与客户需求的整合，延伸和拓展零售企业营销渠道，解除线下渠道在时间、空间和价格优势等方面的限制，线上与线下双向交织，互相导流，线上渠道增加流量提高线下坪效，线下渠道提供体验增强客户粘性，线上线下取长补短、无缝对接，促成零售一体化、数字化与系统化，进而实现整个商业生态链的互联与共享，提升物流、客流、资金流效率，最终提升全渠道供应链可持续发展动能。

（三）技术创新

新零售对整个商业零售系统的改造，目标是推动线上线下实现真正的同质化和统一化，而数字化的技术和手段则是达成上述目标的必备条件。数据成为新零售企业运营决策的基础和重要支撑。通过技术的创新重构新零售模式下新型供应链数字化系统，实现全渠道的资源配置优化，构建开放式智慧生活平台，实现智能化体验，通过智能物流构建物流生态圈，规范强化物流健康体系。

三、发展路径

基于上述创新理念，本书从价值共创、渠道融合及技术驱动三个方面提出我国零售企业未来转型的路径选择，价值共创是核心，渠道融合是价值共创实现的方法，而技术驱动是渠道融合与价值共创的保证。

（一）价值共创

在传统商业中，产品和服务的生产完全由公司来决定，企业通过推断来决定顾客需要什么样的价值。而对于新零售，价值必须由零售企业与顾客联合起来共同创造。

从消费者角度来说，企业需要通过消费者画像来了解消费者对商品或服务呈现出的个性化、定制化等需求特性，从而主动从大规模、同质化生产向小批量、差异化方式转变，融入多种元素进行品牌、款型、类别的升级，提升顾客产品价值。通过打造全渠道的消费场景，结合形式多样的文化内容和渠道体验，形成"实体店+电商+社交"三位一体的消费场景，提升顾客体验价值。通过控制服务流程来控制服务质量，提升顾客服务价值。通过高效率的仓储与配送新物流形式的应用和升级，极大程度提升配送时效性和准确性。最终从产品个性化、服务精细化、场景多样化、体验内容化实现全面提升顾客感知价值。

从零售企业角度来说，企业通过塑造全息的消费者画像进行精准营销，并从定价策略、品牌树立、渠道推广和促销方式方面多维度提升销售效果，结合全媒体、全渠道、全内容实现全域营销，从而实现成本降低的同时提升营销效率。通过重视价值增值产品的采购、建立规范的零售企业战略采购联盟、大规模采用电子采购等方式以最低采购成本协调最大外部资源。除传统的进销差价外，广告收入、设计收入、内容收入、品牌收入、服务收入、增值收入等能为企业收获新的盈利项目，形成多元化收入的同时不断增加零售门店的客流量和回购率。通过会员体系的搭建，在线上线下普及电子会员，挖掘会员习性，开展权益活动，并通过及时沟通、建议和反馈形成紧密的买卖联系。重视品牌价值和企业形象的维护，通过舆论宣传不断提升自身知名度，同时加强危机风险预警和防控，进行全面、有效的公共关系管理，赢得市场和用户的信任。建立起一种扁平化、简单化、柔性化、多元化、信息化的企业组织架构，重视后备人才培养，协调职能部门、组织分工和协作方式。

（二）渠道融合

传统和网络销售渠道的有机融合。通过构建门店终端、电商平台、移动App、O2O销售平台等全渠道销售网络，建立品牌和用户互相感知与交互的多个触点，及时准确地响应消费者需求，为消费者提供多元化的消费体验，实现线上线下业务的均衡发展。

供应链高度协同。重塑企业新型高效供应链，实现供应链的营运可视化、人工智能化和商业智慧化，通过信息共享平台、完整的供应链系统，双方在合作过程中不断加强互信，建立起一种长期稳定、互利共赢的战略合作关系。

（三）技术驱动

新零售企业离不开大数据、人工智能、云计算等搭建起的数字经济基础设施。实时、按需、全在线、自助、社交的要素贯穿了自助智能零售终端、超级电子商务平台、智慧商店等新零售的建设中。

通过大数据技术实现消费者画像，将顾客群体进行细分，洞察购物习惯和采购模式，并针对不同群体开发相应的个性化产品与制定对应的营销策略。通过RFID、NFC和各类传感器获取数据，可以在每个阶段跟踪货品，有助于形成准确的库存管理、成本节约和包装设计。利用大数据进行科学选址，建设"小而美"的社区式零售和新型购物中心可最大化提升经营和消费的复合能力。

通过人工智能技术实现智能化、自动化及协同化。一方面，智能化让用户需求与货品生产匹配，做到全局优化；另一方面，通过很强的算法数据优化，能够实现货架货品高效摆放。自动化使得货仓和运输过程实现无人化，机器人、机械臂等可减少人力成本，提高效率。协同化促进各合作伙伴系统实时交互。

通过搭建零售云平台，打通前端用户界面和后端企业内部管理，除了全局共享的库存中心、用户中心、交易中心、订单中心，还开发自动补货系统，所有信息汇聚成动态变化并能够根据实际进行调整，让数据在线，进而实现智能化运营。

第二章 黔彩新零售连锁便利店发展路径研究

第一节 连锁便利店发展分析

黔彩新零售连锁便利店是贵州省烟草公司打造的现代流通型商贸企业，公司以"品质服务、价值共享"为经营理念，以零售跨界融合、零售业态融合、零售服务融合、线上线下融合、产业生态融合和产业角色融合为核心，以新零售产业生态模式 F2S2B2C 为目标，依托智能仓储物流、大数据、电商等互联网信息技术，打破传统零售产业链的模式，从"场-货-人"到"人-货-场"进行商业重构，实现"线上+线下+智能物流"的融合。线上服务依托互联网打造基于移动社交网络的新型零售业务集成平台"黔彩商城"，将线下商家融合到线上，实现线上线下场景交互，开展"互联网+"会员营销活动，促进销售服务一体化，为大数据营销夯实基础。为更好促进黔彩零售连锁品牌的发展，本书先对全国与贵州的连锁便利店发展现状进行分析。

一、连锁零售发展分析

根据国家统计局数据，如表 2-1 所示，2018 年末贵州连锁零售企业门店总数为 1558 个，商品销售额为 76.9 亿元。全国连锁零售企业门店密度为 1.79 个/万人，贵州连锁零售企业门店密度为 0.43 个/万人，贵州连锁零售企业门店密度远低于全国水平，贵州连锁零售企业门店数量有较大增长空间。

从连锁零售企业门店效率来看，全国连锁零售企业坪效为 2.12 万元/平方米，人效为 159.06 万元/人，店效为 1522.27 万元/个。贵州连锁零售企业坪效为 1.20 万元/平方米，人效为 66.29 万元/人，店效为 493.58 万元/个。因此，贵州连锁零售企业经营效率和全国水平具有较大差距，其经营效率亟须提升。

表 2-1　2018 年全国与贵州连锁零售企业发展情况①

指标	全国	贵州	行业：食品、饮料及烟草制品专门零售	业态：便利店
年末常住人口（万人）	139538	3600		
年末从业人数（万人）	238.99	1.16	9.27	10.05
零售营业面积（万平方米）	17924.68	64.3	144.25	273.83
商品销售额（亿元）	38012.68	76.9	470.31	542.02
门店总数（个）	249711	1558	23306	28895
坪效（万元/平方米）	2.12	1.20	3.26	2.0
人效（万元/人）	159.06	66.29	50.73	54
店效（万元/个）	1522.27	493.58	201.80	188
平均每个门店从业人数（人）	10	7	4	3
平均每个门店面积（平方米）	718	413	62	95

①　坪效＝商品销售额/零售营业面积；人效＝商品销售额/年末从业人数；店效＝商品销售额/门店总数。

贵州年末常住人口为 3600 万人，占全国年末常住人口的 2.58%。而门店总数为 1558 个，占全国门店总数的 0.62%。两者比例相差很大，从这个层面上可看出，贵州连锁门店在数量上远低于全国平均水平。

与全国连锁零售企业所属行业食品、饮料及烟草制品专门零售的统计数据相比，贵州坪效高于全国水平，而人效与店效则较低，这也表明贵州省食品、饮料及烟草制品专门连锁零售企业在从业人员配置与连锁门店的选择方面可进一步优化。

从全国连锁零售企业的业态便利店来看，贵州零售企业的坪效、人效与店效均低于全国连锁零售企业平均水平。相对于行业而言，其人效均优于食品、饮料及烟草制品专门零售行业，但坪效与店效相对较低。

从贵州省平均每个门店的从业人数与面积来看，食品、饮料及烟草制品专门零售与便利店均低于连锁零售企业平均值。

上述结果表明，贵州连锁零售企业无论是在门店数量还是经营效率上，均有很大提升空间。在食品、饮料及烟草制品专门零售行业与便利店业态方面，相对于全国连锁零售企业水平，贵州省也存在一定的提升空间。

二、便利店发展分析

便利店是指位于商圈及居民区附近的实体店或提供网购的虚拟店，以经营即时性商品或服务为主，以满足便利性需求为第一宗旨，采取自选式购物方式的小型零售店或网上商店。在发展初期，超市与便利店除营业面积与经营品种有大小与多少之分外，两者没有显著差异。7-ELEVEN、全家等外资便利店的进入，给中国便利店的国际化发展打开窗口，并树立了模仿样板。

数据显示，2017 年中国连锁品牌化便利店接近 12 万家，销售额达 1521 亿元。从 2010 年起连续七年的时间里，中国便利店行业销售额一直保持两位数增长，且从 2011 年起，超越了百货和超市等其他零售业态的增速。究其原因，主要是消费升级、人口结构变迁等催生"便利"需求；居民收入水平的提升淡化了价格敏感度，提升了品质和便利需求。特别是90后消费群体崛起、全面放开二胎后年轻群体生活节奏加快、人口老龄化等趋势催生了"宅、懒、馋、急、忙、老"等需求，便利店贴近消费者，顺应消费新趋势，前景广阔。

为分析连锁便利店的特点及趋势，本书选取外资巨头（7-ELEVEN）、内资巨头（美宜佳）和本土巨头（凯辉）三家作为对比样本，从商品、运营、加盟等业务维度上进行调查和对比。详细内容如表2-2所示。

表2-2 连锁便利店典型品牌对比分析

品牌	7-ELEVEN	美宜佳	凯辉
分布区域	北京、上海、广东、成都、重庆等	华南地区	贵阳
客群特点	年龄12~35岁，男女比例44%:56%	主要客群年龄14~35周岁	
门店数量	1644个	11659个	146个
加盟比例	60%	98%	85%
购进方式	买断商品，高毛利，优化供应链管理，提高商品流转，降低损耗	以现金采买为主	账期与现金采买混合
商品数量	1800SKU	2500SKU	1500SKU
商品策略	差异化商品（鲜食及自由品牌商品），鲜食占50%，牛奶乳饮料占25%，卷烟占15%，快消商品占10%	以社区、工业区、商圈商品为主	以大路货和流通货为主
毛利率	36%	28%	24%
日均营业额	1.5万~3万元	8000~1.5万元	5000~7000元
卷烟占比	20%	40%	50%
营业时间	24小时	18~24小时	18~24小时
人员配置	6~8人	4~5人	4~5人
鲜食工厂	自建工厂，产品与知名企业合作研发，工业化生产	少量简单鲜食	基本无鲜食
仓配模式	每日1~2配	每周2~3配	每周1~2配
会员营销	线上线下会员体系	无	无

续表

品牌	7-ELEVEN	美宜佳	凯辉
加盟模式	特许加盟委托加盟，加盟投资80万元，统一货源渠道，阶梯式毛利分成，总部分成23%~37%	特许加盟，加盟投资30万元，统一货源渠道，固定品牌使用费每月1200元	特许加盟，加盟投资30万元，统一货源渠道，总部毛利分成10%
督导巡查	1人负责6~7家门店，每周覆盖两次	1人负责15家门店，每周覆盖一次	1人负责10家门店，每周覆盖两次

（一）经营特点

一是客群年轻化，便利店的顾客群体年龄主要集中在12~35岁之间，并且女性数量超过男性。二是日配商品（鲜食、熟食、定制商品、鲜奶、咖啡等）比重逐渐增加，销售占比高达65%以上，香烟、快消等流通商品比重逐渐降低。三是资产设备较重，盈利周期较长，加盟业务成为品牌数量拓展的主要方式。

（二）发展趋势

一是行业品牌集中度将逐步提高，形成全国性的品牌便利店。二是24小时专业便利店将会成为未来门店发展趋势。三是低温冷链及日配商品向便利店倾斜，自主研发/品牌商品比重增加，经营毛利率得到提升。四是以信息化、数据化能力作为主线，城市便利竞争核心是鲜食中央厨房能力，社区便利竞争核心是生鲜能力。五是互联网工具进一步在线下便利店得到应用，店铺物流联网化及管理数据化成为线下便利店的驱动力。六是加盟业务由弱加盟向强加盟转型，加盟将以服务经营指导为主。七是便利店未来将会在政策扶持和资本市场方面得到更多支持，规模较大的企业完成并购集中，规模较小的企业凭借资本推动和商业模式创新迅速发展。

三、连锁便利店影响因素研究

为分析宏观经济对连锁便利店发展的影响因素，根据指标数据的可得性，假设卷烟工业产品产量与销量一致，本书分别以全国连锁零售企业便利店业态商品销售额、贵州连锁零售企业商品销售额及全国卷烟工业产品产量为因变量。由于消费水平、物价水平及人均可支配收入对消费有重要影响，因此本书选取居民消费水平、城镇居民消费水平、农村居民消费水平、商品零售价格、居民人均可支配收入、居民人均食品烟酒消费支出作为主要分析的影响因素。由于GDP中包含了批发和零售业增加值，即与便利店业态商品销售额存在包含关系，因此不以GDP作为自变量。在新零售模式中，快递量与互联网宽带接入用户是新零售的重要影响因素，因此也将其纳入自变量。贵州是旅游大省，因此将旅游人次作为可能影响贵州连锁便利店发展的因素。

采用后退线性回归的方法，首先以全国连锁零售企业便利店业态商品销售额为因变量进行分析，结果如表2-3所示。

表2-3 全国连锁零售企业便利店商品销售额回归模型

模型		非标准化系数		标准系数	t	显著性	共线性统计	
		β	标准错误	β			容许	VIF
1	（常量）	2153.660	1576.326		1.366	0.402		
	城镇居民消费水平	-0.044	0.036	-2.034	-1.195	0.444	0.000	6739.042
	农村居民消费水平	0.069	0.032	1.818	2.177	0.274	0.001	1621.648
	商品零售价格指数	-4.692	3.437	-0.413	-1.365	0.402	0.005	213.334
	居民人均可支配收入	0.038	0.033	1.620	1.161	0.453	0.000	4528.320
2	（常量）	1134.437	1418.139		0.800	0.508		
	城镇居民消费水平	-0.003	0.012	-0.148	-0.270	0.813	0.002	598.490
	农村居民消费水平	0.052	0.030	1.371	1.708	0.230	0.001	1275.934
	商品零售价格指数	-2.586	3.162	-0.228	-0.818	0.499	0.006	153.861
3	（常量）	785.780	483.962		1.624	0.203		
	农村居民消费水平	0.044	0.004	1.157	11.281	0.001	0.033	30.170
	商品零售价格指数	-1.822	1.164	-0.161	-1.565	0.215	0.033	30.170
4	（常量）	28.361	8.613		3.293	0.030		
	农村居民消费水平	0.038	0.001	0.999	45.840	0.000	1.000	1.000

由于自变量之间存在多重共线性,需要根据 VIF 来选择回归模型,VIF 值越接近于 1,多重共线性越轻,反之越重。从表 2-3 可以看出,模型 1~模型 3 的 VIF 值均远大于 1,因此选择模型 4 作为回归结果,即:

全国连锁零售企业便利店商品销售额 = 28.361 + 0.038 × 农村居民消费水平

该结果表明农村居民消费水平对便利店商品销售额有重要影响,农村居民消费水平每增加 1 元,全国连锁零售企业便利店商品销售额增加 0.038 亿元。

再以全国卷烟工业产品产量为因变量进行分析,结果如表 2-4 所示。

表 2-4　全国卷烟工业产品产量回归模型

模型		非标准化系数		标准系数	t	显著性	共线性统计	
		β	标准错误	β			容许	VIF
1	(常量)	32590.905	2072.026		15.729	0.000		
	城镇居民消费水平	-0.284	0.074	-0.887	-3.839	0.018	1.000	1.000
2	(常量)	52974.183	3017.929		17.553	0.000		
	城镇居民消费水平	-8.333	1.169	-25.983	-7.126	0.006	0.000	3138.654
	居民人均可支配收入	8.787	1.276	25.100	6.884	0.006	0.000	3138.654

根据 VIF 值选择模型 1 作为回归模型,即:

全国卷烟工业产品产量 = 32590.905 - 0.284 × 城镇居民消费水平

该结果表明城镇居民消费水平对全国卷烟工业产品产量有重要影响,城镇居民消费水平每增加 1 元,全国卷烟工业产品产量降低 0.284 亿支。

为分析贵州连锁零售企业商品销售额的影响因素,以贵州快递量、贵州互联网宽带接入用户、贵州旅游人次、贵州居民消费水平、贵州城镇居民消费水平、贵州农村居民消费水平、贵州商品零售价格指数、贵州居民人均可支配收入为自变量进行回归,结果如表 2-5 所示。模型结果为:

贵州连锁零售企业商品销售额 = 13.327 + 0.003 × 贵州居民人均可支配收入

表 2-5　贵州连锁零售企业商品销售额回归模型

模型	非标准化系数		标准系数	t	显著性	共线性统计	
	β	标准错误	β			容许	VIF
（常量）	13.327	10.348		1.288	0.267		
贵州居民人均可支配收入	0.003	0.001	0.928	4.970	0.008	1.000	1.000

该结果表明贵州居民人均可支配收入对贵州连锁零售企业商品销售额有重要影响，贵州居民人均可支配收入每增加 1 元，贵州连锁零售企业商品销售额增加 0.003 亿元。

该模型考虑到共线性问题，因此需将贵州快递量、贵州互联网宽带接入用户、贵州旅游人次指标自动排除，通过表 2-6 可知，这三个指标与贵州连锁零售企业商品销售额均具有较强的相关性。因此具体分析这三个指标对贵州连锁零售企业商品销售额的影响，分别得到回归模型如表 2-7~表 2-9 所示。

表 2-6　贵州连锁零售企业商品销售额的相关性

	贵州快递量	贵州互联网宽带接入用户	贵州旅游人次	贵州居民消费水平	贵州城镇居民消费水平	贵州农村居民消费水平	贵州商品零售价格指数	贵州居民人均可支配收入
Pearson 相关性	0.773*	0.813*	0.778*	0.895**	0.884**	0.922**	-0.759*	0.928**
显著性（双尾）	0.042	0.014	0.023	0.003	0.004	0.001	0.029	0.008

注：*、**分别表示在10%、5%的水平上显著。

表 2-7　贵州连锁零售企业商品销售额与贵州旅游人次回归模型

模型	非标准化系数		标准系数	t	显著性	共线性统计	
	β	标准错误	β			容许	VIF
（常量）	21.140	11.658		1.813	0.120		
贵州旅游人次	6.802	2.243	0.778	3.032	0.023	1.000	1.000

表2-8 贵州连锁零售企业商品销售额与贵州互联网宽带接入用户回归模型

模型	非标准化系数		标准系数	t	显著性	共线性统计	
	β	标准错误	β			容许	VIF
（常量）	7.160	14.107		0.508	0.630		
贵州互联网宽带接入用户	0.111	0.033	0.813	3.420	0.014	1.000	1.000

表2-9 贵州连锁零售企业商品销售额与贵州快递量回归模型

模型	非标准化系数		标准系数	t	显著性	共线性统计	
	β	标准错误	β			容许	VIF
（常量）	37.460	8.999		4.163	0.009		
贵州快递量	0.002	0.001	0.773	2.722	0.042	1.000	1.000

根据表2-7、表2-8和表2-9，得到回归模型结果如下：

贵州连锁零售企业商品销售额 = 21.140 + 6.802 × 贵州旅游人次

贵州连锁零售企业商品销售额 = 7.160 + 0.111 × 贵州互联网宽带接入用户

贵州连锁零售企业商品销售额 = 37.460 + 0.002 × 贵州快递量

模型表明，贵州旅游人次每增加1亿人次，贵州连锁零售企业商品销售额增加6.802亿元；贵州互联网宽带接入用户每增加1万户，贵州连锁零售企业商品销售额增加0.111亿元；贵州快递量每增加1万件，贵州连锁零售企业商品销售额增加0.002亿元。

通过上述分析，可以看出农村居民消费水平对连锁零售企业有重要的影响。城镇居民消费水平对卷烟工业产品产量有重要影响。从贵州地区来看，居民人均可支配收入是影响贵州连锁企业商品销售额的主要因素，旅游人次、互联网宽带接入用户及快递量对其也有重要的影响。随着近年贵州决战脱贫攻坚、决胜同步小康，高速公路通车总里程突破6000千米实现跨越式发展，旅游业连续三年增长30%以上呈现出井喷式的增长态势，网民规模和普及率稳步增长，居民人均可支配收入将会持续增加。因此,从宏观经济的角度来看,贵州连锁零售企业将非常具有发展前景。

第二节 黔彩新零售发展思路

一、黔彩新零售产生的背景

根据国家统计局数据,在食品、饮料及烟草制品专门零售商品方面,其销售额在2018年为470.31亿元。2014~2016年增速呈上升趋势,但从2017年开始增速开始呈现下降趋势,特别在2018年增速为负增长,为-3.7%,具体如图2-1所示。

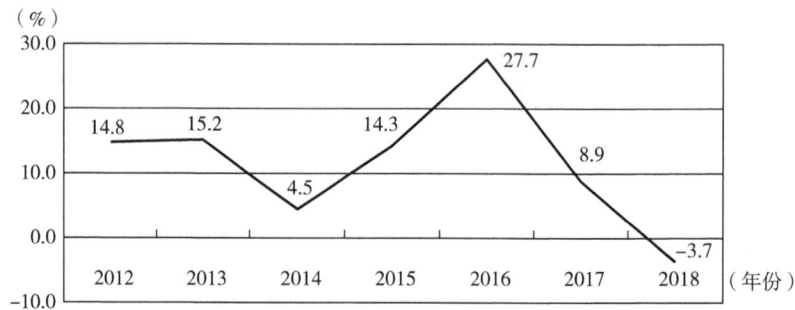

图2-1 2012~2018年食品、饮料及烟草制品专门零售额增长趋势

2014~2019年全国卷烟工业产品产量及其增长速度如表2-10所示。从2014年起,其产量连续四年下滑,虽然2019年较2018年增长1.2%,但仍较2014年下降9.4%。

表2-10　2014~2019年卷烟工业产品产量及其增长率

年份	2014	2015	2016	2017	2018	2019
产量（亿支）	26098.5	25890.7	23825.8	23448.3	23358.7	23642.5
增长率（%）	1.9	-0.8	-8.0	-1.6	-0.4	1.2

通过上述数据可以看出，新常态下卷烟销售形势复杂，如何确保销量进度及各项指标正常运行，是卷烟企业面临的重大问题。自"互联网+"战略上升为国家战略以来，国家烟草专卖局提出，全行业要积极应用"互联网+"、大数据、云计算等现代技术和管理手段，不断提高信息化水平，努力通过创新供给满足消费需求、创造消费热点。随着2017年全国卷烟销售网络会议在大连召开，大连烟草以互联网为依托，运用大数据、云计算、人工智能等技术手段，形成了以"新商通"为中心，上游连接"微商盟"，下游连接"春天服务"的全新营销体系。2018年，浙江烟草深入推进"互联网+烟草商业"试点，以数据推动经营方式升级、业务模式创新、管理效率提升，促进营销业务与新技术深度融合，基本实现从经验营销向数据营销转型，为浙江烟草高质量发展注入了新动力。其他烟草商业企业也积极在卷烟智慧零售方面进行大量研究，但存在以下突出的问题：

一是数字化程度欠缺。全商品扫码、全渠道订货、全方式结算、全店铺管理的模式提出后，各环节数据采集的真实性和及时性仍未得到有效解决，过多依靠终端的自觉性开展，有时甚至采取非市场化手段获取，特别是商品销售信息数据获取不准确、不全面、不及时。

二是智能化有待提升。人工智能等技术与卷烟零售终端融合不深，重点终端形象建设轻线上系统延伸，无法提升线上组织化程度，如消费者画像不精确导致消费场景信息无法有效获取，从而不能尽快形成烟草企业可以分析使用的大数据。

三是智慧运营急需升级。由于数字化与智能化的不足，企业对采集的终端数据和消费数据缺乏系统的挖掘，使得消费者层面无法感知、经营者（店铺）无法有效精准营销和推送信息、商品的关联性研究不深、管理者无法高效快速决策，使得智慧运营急需升级。数字化技术及人工智能技术通过多年来的积淀，为产业升级和消费升级寻找到了新方向，智慧新零售成为新的发展趋势。

卷烟智慧新零售是烟草商业未来发展的必然途径，也是增强渠道掌控力、提升组织化程度、展示行业品牌影响力的重要抓手，目前烟草行业关于卷烟智慧新零售的相关理论研究及实践还处于探索阶段，因此系统性地思考并开展数字化卷烟智慧新零售研究与应用显得非常重要与紧迫。

二、黔彩新零售模式的意义

通过探索以消费者为中心的烟草商业卷烟新零售模式，运用互联网、人工智能等新技术，以数据为驱动，通过线上互动引流、线下体验消费，破解获取最后一公里市场信息难题，提高供给效率，依托会员提升组织化程序，增强对消费者需求变化的适应性和灵活性，构建贵州烟草商业卷烟新零售模式，其研究意义有如下三点：

一是探索卷烟新零售是维护国家利益和消费者利益的必然要求。随着中国特色社会主义进入新时代，我国社会主要矛盾已经转化为人民日益增长的美好生活需要和不平衡不充分的发展之间的矛盾。就烟草行业而言，主要表现为产品端和渠道端的供给还不能完全适应新的环境和消费需求。探索卷烟新零售解决的正是渠道端存在的问题，通过引领卷烟零售终端转型升级，认真落实省局（公司）党组"十三五"规划全面建成贵州特色卷烟营销体系的战略要求和高体仁局长（总经理）对多元化工作提出的"主辅互补，协调发展"方针，找准互补耦合点，夯实相互支撑点，探索卷烟营销新模式，引领零售终端转型升级，打造消费新产品、新服务和新场景，构建卷烟营销与黔彩新零售协同融合高质量发展的新格局，为烟草企业探索出一条质量效益型发展的新路径，确保其更好地维护国家和消费者的利益。

二是探索卷烟新零售是应对挑战推动高质量发展的必然要求。2018年烟草行业各直属单位主要负责同志座谈会指出，要密切跟踪新技术、新产品、新业态发展动向和趋势，对网络电商对传统卷烟零售的影响，对"互联网+"、云计算、大数据、人工智能等在烟草行业的应用，对烟草产业链条的延伸和烟叶多功能用途等问题加强基础性、前瞻性研究，超前做好战略储备，积极培育新动能，努力保持行业可持续发展。从全局看，烟草行业还面临着控烟履约、新型制品、完善体制等方面的严峻挑战。一方面，随着人口老龄化的加剧，中年主力卷烟消费者的人口红利正在流失，女性和新生代等消费群体趋势怎么发展需要通过渠道进行掌握数据后分析挖掘。另一方面，随着群众健康环保意识的增强和国家控烟履约进程的加快，卷烟消费规模扩张的空间进一步收窄，为满足各种类型消费群体需求，需要做细做实消费市场。可以预见，高质量发展将成为中国烟草未来发展的必然选择。充分发挥行业体制优势、资源优势与品牌优势，使黔彩新零售全面融入卷烟营销网络建设；依托黔彩零售连锁强化终端服务和掌控能力，借助市场手段推动卷烟营销变革转型，赋能黔彩新零售强大的竞争力与生命力，才能推动卷烟零售高质量发展。

三是探索卷烟新零售是捍卫商业企业渠道地位的必然选择。按照国家局政策要求，现阶段卷烟营销网建的重点是增强渠道掌控力，提升组织化程度，目标是构建工商零消一体化的现代卷烟营销体系。随着互联网巨头发起的新零售浪潮冲击，卷烟营销网建实践中存在着终端形象影响力不明显、终端服务组织化与体验感不一致、终端渠道掌控力受威胁、终端资源话语权被削弱、消费者数据采集应用难、工商零消数据共享不充分不及时等一系列难点痛点问题。这些问题的系统性解决，有赖于探索构建起符合贵州烟草商业实际的卷烟新零售模式。按照"线上+线下""直营+加盟""卷烟+非烟"的思路打造黔彩新零售，突出数据、体验和组织三个重点，黔彩新零售正是卷烟营销新模式的"试验田"和"样板间"。

三、黔彩新零售的内涵

按照阿里研究院给出的"官方"定义，所谓新零售，是指以消费者体验为中心的数据驱动的泛零售业态。这一定义概括了新零售的三大特征：以人为本，体验至上；信息共享，数据驱动；无限跨界，业态融合。

烟草新零售终端建设既要遵循新零售的基本内涵，也要尊重行业的特殊性。根据卷烟营销网络建设的实际需求和卷烟零售终端的实际特点，烟草新零售终端建设应包括以下三层内涵：

（一）现代卷烟零售终端的升级

行业自2011年开始全面推进现代卷烟零售终端建设，大致经历了以店面环境与硬件建设为主的1.0阶段、以"客我"关系与软件为主的2.0阶段，现在进入以新零售为特点的3.0阶段。烟草新零售终端建设，是立足消费需求、回归零售本质的升级版现代卷烟零售终端建设，其主要任务是培育以消费者体验为中心的数据驱动的具有烟草特色、高识别度的第三代现代卷烟零售终端。第三代现代卷烟零售终端的共同特点是门店数字化、消费场景化和电子商务化，在卷烟营销网络中发挥标杆引领作用。

（二）现代卷烟零售网络的优化

现代卷烟零售终端建设的升级过程也是现代卷烟零售网络的优化过程。以烟草新零售终端为主要方向，以形态各异、功能各有侧重的直营终端、加盟终端、合作终端为主要载体，发挥他们的赋能作用，帮助更多中小型零售终端构建具有新零售特点的"商品+服务+文化"组合，逐步完善零售终端建设体系，构建烟草主导、品牌连锁、管控有效、多方共赢的零售网络，从而形成共创价值的"烟草+"共生经济体、共赢生态圈，提升行业对零售终端的服务质量和掌控能力。

（三）烟草流通品牌的逐步确立

建设连锁化的烟草新零售终端，必然需要探索渠道品牌化建设，打造烟草流通品牌。流通品牌在烟草新零售终端建设中主要有三大使用场景：一是授权给卷烟零售客户使用，发展连锁加盟终端，让加盟客户充分感知身份认同价值，以连锁化、品牌化改变传统单店建设模式，提升终端建设效率与质量。二是以品牌取信、聚合消费者，让消费者充分感知商业信誉和质量承诺，开启消费者认网络、认渠道的卷烟消费新时代。三是以品牌吸引更多更优质的非烟商品供应商，实现对与烟草有相关性的非烟商品品类的有效覆盖，为零售客户和消费者创造更多的服务溢价。具有知名度、美誉度、客户忠诚度的烟草流通品牌，最终会成为烟草商业企业最有价值的核心资产。

四、黔彩新零售连锁便利店发展思路

随着市场环境的变化，营销网络建设主要面临以下挑战：①终端竞争日趋激烈。一方面，电商实体化趋势明显，阿里巴巴、京东等电商巨头，依托电商平台和资金优势，以推广软件、贴牌加盟、打造实体店等方式，快速向零售业渗透；另一方面，连锁规模化迅速发展，连锁超市、连锁便利店纷纷面向全国布局，覆盖门店网点快速增加。这些企业规模大、数量多、发展快、经营能力强，给卷烟营销管理带来新的挑战。②零售技术深刻变革。移动互联网技术的发展、支付方式的变革，推动了实体零售信息化、现代化加速发展，带动了传统零售业态加快转型。传统卷烟零售客户70%以上是食杂店，大部分是夫妻店，文化程度相对较低，接受新知识、新技术的能力相对较弱。如何帮助广大零售户特别是中小客户掌握新技能、提升营销力，是摆在卷烟营销部门面前的重要课题。③客我关系有所松动。由于卷烟零售毛利下降、货源分配不合理、终端建设投入不足等，近年来客我关系受到较大损害，客我关系弱化将严重影响行业对流通渠道的掌控能力。因此，推进新型现代终端建设，探索更加适合卷烟零售的新业态、新途径、新方法，是推进卷烟营销高质量发展的关键所在。

为落实省局（公司）党组"十三五"规划全面建成贵州特色卷烟营销体系的战略要求和局长（总经理）对多元化工作提出的"主辅互补，协调发展"方针，本书结合黔彩新零售自身品牌规划，提出如下发展思路：

以零售连锁模式为工具，借助新零售的理念及技术，围绕卷烟营销网建要求，着力构建以"一个生态、两个平台、四个引擎、五个环节"为内容的"1245"——"网建+黔彩"卷烟零售新模式，推动卷烟营销高质量发展。

"1"即一个生态。打造黔彩新零售生态圈，以卷烟流通服务为立足点，以新零售"F2S2B2C"（工厂－供应链平台－终端－消费者）为目标，打破传统零售产业模式，从"场－货－人"到"人－货－场"进行商业重构，连接品牌商、供应商、零售商，整合品牌、市场、平台、服务和用户，形成工、商、零、销"四位一体"的黔彩新零售产业生态圈。

"2"即两个平台。打造"线上+线下"的终端体系，形成O2O运营闭环，将线下终端的物流、服务、体验等优势，与线上平台的商流、资金流、信息流深度融合，发展面向线上线下的全客群，向消费者提供全渠道、全商品、全时段的新型零售模式。线下以黔彩零售连锁为平台，依托黔彩便利、黔彩精品、黔彩专柜、黔彩超市四种店型，通过"直营+加盟"两种模式打造线下零售终端体系。线上打造"134"线上黔彩云管控平台，一个大数据中心，PC端、POS端和移动端三端融合，连锁管理、门店POS、线上商贸、微信会员四个系统模块，打造全环节、全业务、全商品、全渠道的管理运营及信息采集网络，打通业务数据通路，为行业打通消费者信息采集"最后一公里"提供平台技术支撑。

"4"即四个引擎。①加盟引擎。打造黔彩新零售连锁加盟体系，通过加盟终端建设，探索与零售户合作共赢的新方式，为零售终端提供经营、信息、金融、物流等服务，创造价值，形成品牌化、连锁化、能掌控的零售商业体系，提升渠道掌控力和影响力。②服务引擎。整合非烟供应渠道资源，自建、引入品类丰富、差异化、高性价比的非烟商品，通过供应链平台和仓配物流体系，实现非烟商品"一站式"供应。同时强化增值服务合作，丰富便捷服务业务，赋能终端，服务终端，提升客群粘性。③数据引擎。运用前沿 AI 智能技术、人脸聚类技术、智能硬件技术、计算机视觉认知算法打造数字智慧门店，对人、商品、服务进行数字化改造，通过数据流动串联各个消费场景，实现线上服务与线下体验的全面融合，为消费者提供全场景、无缝隙的消费体验，形成无限次、多终端、全场景的数据跟踪采集体系。④会员引擎。构建以零售户和消费者为中心的、基于信任的社群关系。通过积分、等级、品牌、活动打造会员激励体系，活化品牌用户。依托会员档案、经营信息和消费信息，建立零售户和消费者档案，跟踪消费和经营行为，以数据圈定品牌 VIP 会员，提供品牌专属服务，实现快速拉新、高效锁客、精准留存、强化粘性的会员精准营销。

"5"即五个环节。围绕行业批零供需、市场状态两大指标和社会价格、社会库存、货源投放三个课题，通过黔彩新零售"124"赋能行业采购、市场、营销、物流、专卖五大环节，形成用户画像、市场价格、社会库存、市场品牌、消费行为、营销效果六大数据产品，推动卷烟营销高质量发展。

第三节 黔彩新零售连锁便利店发展具体措施

围绕"1245"和"网建+黔彩"卷烟零售新模式，以技术引领、路径改造、生态重塑、模式融合为方向，通过新零售"品牌塑造、消费引领、赋能服务、全域营销、数字变革"五大措施助推卷烟营销高质量发展。

一、品牌塑造

一是完善黔彩新零售——MI（理念识别体系）、VI（视觉识别体系）和SI（终端形象识别体系），强化品牌内涵，将烟草文化和区域文化融入品牌、产品以及服务本身中，形成品牌差异定位，树立品牌市场形象。二是依托终端拓展评价体系，结合标杆店、特色店、便利店和精品店四种店型，通过资产购置、门店划转和市场租赁等多种模式，构建黔彩新零售直营终端体系。三是探索黔彩新零售加盟业务与卷烟营销网络建设的融合路径，完善贵州烟草黔彩连锁加盟体系，以紧密型加盟为目标，大力拓展终端数量，将优质零售户带入线上线下全渠道零售新时代，支撑贵州烟草终端管理从"单点"模式向"线面"模式转变，塑造终端网络建设新模式。

二、消费引领

一是紧跟消费升级趋势，面向消费新诉求，加快非烟商品的拓展和开发，优化丰富非烟商品供应结构，拟对现有中石化易捷便利、中烟新商盟等23家大型综合供应商进行渠道整合，将非烟商品SKU由现在的1500余种提升至5000种以上。二是基于消费新主张创造丰富自有品牌新产品，从单一终端零售服务商向产业上游产品定制生产延伸，依托终端大数据反向指导上游产品生产定制，实现自有品牌产品创新。三是强化创新合作，围绕黔彩品牌体系打造"产品+服务+混业经营"的品牌生态，丰富终端消费及增值服务内容，实现产业全生态位的介入。

三、赋能服务

一是强化与银行、保险、彩票、物流、家政等行业的合作，整合主业客户经理、专卖市场管理员、物流配送员"三员"服务队伍，优化增值赋能服务手段，打造黔彩生态服务体系。二是打造黔彩供应链服务平台，利用供应链平台资源和数据化系统优势为零售户提供集中采购优势和系统管理，让零售户释放经营管理烦恼，实现供应链赋能。三是搭建非烟物流仓储配送系统，整合烟草仓储物流资源，进行适度性改造，通过总部总仓、区域分仓、前店后仓的三级仓储配送体系，实现非烟商品仓配服务。

四、全域营销

一是整合行业工商企业营销服务资源和渠道，建立全链路、精准、高效、可衡量的跨屏渠道营销体系，实现客户的全生命周期营销。二是依托黔彩公众微信号打造社交和社群营销新模式，通过社交关系和社群组织打动消费者，使客消关系从陌生松散向紧密熟悉转变，提升营销效率和改善质量。三是完善两类五级会员体系，通过黔彩零售户和消费者会员，打造黔彩会员生态，提升营销效率和改善质量，扩大数字经济价值，为品牌和渠道描绘用户画像提供高质量数据支持。

五、数字变革

一是完善人脸识别、商品识别和O2O线下核销等技术的开发和应用，实现消费者及消费信息的跟踪采集，为大数据分析提供海量价值数据。二是利用用户画像描绘技术、行为识别分析技术、场景热力分析技术、商品陈列追踪技术等，实现数据的结构化分析和挖掘，辅助经营管理，提升经营效率。三是通过AR/VR视觉增强技术、无人售卖技术、实时视频监控技术、零售业务ERP系统、电子商务综合平台、仓储配送调度系统、移动微信营销平台等工具，赋能黔彩新零售生态各环节，对产业链进行数字化改造，优化线上线下零售场景，打造信息链路、数字闭环，实现数字经济的转型。

目前，投资公司围绕"新零售转型升级"和"卷烟营销高质量发展"两个关键，按照品牌塑造、资源整合、市场推广、数字经济、产业生态五大行动步骤，2018年重点从改革机构体系、塑造市场品牌、拓展终端业务、整合渠道资源、升级营运服务和搭建系统平台六个方面入手，对品牌、市场、平台、服务和用户进行整合，努力构建工、商、零、消"四位一体"的黔彩新零售产业生态圈，逐步形成营销网建主导、黔彩示范引领、加盟终端参与、工业积极配合的长效机制，全力创造良好消费环境，塑造终端网络建设新模式，为卷烟营销高质量发展奠定坚实基础。

第四节 本章小结

当前贵州连锁零售企业无论是在门店数量还是经营效率上，均有很大提升空间。贵州在食品、饮料及烟草制品专门零售行业与便利店业态方面，与全国连锁零售企业水平相比，也存在一定的提升空间。且随着近年贵州决战脱贫攻坚、决胜同步小康，高速公路通车总里程突破 6000 千米实现跨越式发展，旅游业连续三年增长 30% 以上呈现出井喷式的增长态势，网民规模和普及率稳步增长，居民人均可支配收入将会持续增加。因此，从宏观经济的角度来看，贵州连锁零售企业将具有非常好的发展前景。新常态下卷烟销售形势复杂，探索以消费者为中心的烟草商业卷烟新零售模式，对维护国家利益和消费者利益、应对挑战推动高质量发展和捍卫商业企业渠道地位有着重要的意义。

通过构建"一个生态、两个平台、四个引擎、五个环节"为内容的"1245"和"网建＋黔彩"贵州烟草商业卷烟黔彩新零售连锁便利店模式，从品牌塑造、消费引领、赋能服务、全域营销、数字变革五个方面提出黔彩新零售连锁便利店发展的具体措施，对现代卷烟零售终端的升级、网络的优化及流通品牌的确立有着重要的作用。

第三章 黔彩新零售品牌培育模式与路径

　　黔彩新零售是贵州省烟草商业近年来顺应零售发展趋势，以提升零售终端现代经营能力为核心，加快推动卷烟零售终端转型升级，在现代卷烟零售终端植入黔彩服务品牌元素而着力打造的一个零售品牌。以消费者为核心的价值主张是新零售的重要特征，其强调消费者价值在零售业各个环节价值传递的重要性，以消费体验升级为目标，以数据的驱动和技术的革新为基础，以泛零售和全渠道的形态为手段，最终实现为消费者提供购物、娱乐、社交多维一体的综合零售业态的整体创新。近年来，为认真落实"服务大局、服务主业"定位和"主辅互补、协调发展"方针，充分发挥资源集中整合优势，贵州烟草商业把打造黔彩新零售品牌作为卷烟营销网络建设的重要抓手，构建黔彩新零售与卷烟业务共同发展、协调发展、高质量发展的互动新格局。

　　通过前文中关于卷烟营销网络建设政策要求和新零售发展的分析，初步厘清黔彩新零售与卷烟营销网络渠道融合的基本思路为：以高质量发展为主题，以"主辅互补，互为支撑，协调发展"为方针，以"1466"卷烟营销新生态价值体系为核心，以黔彩新零售为主要载体，通过建设一批"门店数字化、消费场景化和电子商务化"的直营终端、加盟终端、合作终端，完善零售终端建设体系，带动全省系统卷烟零售终端建设整体提质升级，逐步建立具有知名度、美誉度、用户忠诚度的贵州烟草商业黔彩服务品牌（流通品牌），努力打造烟草行业主辅业渠道融合发展样本。

在这一思路指引下,本章尝试从卷烟营销网络建设的整体视角提出基于新零售与卷烟营销网络渠道融合的黔彩流通品牌培育模式与路径。这里的"品牌"特指"服务品牌"(流通品牌)。

第一节 黔彩新零售品牌建设模式

一、提出依据

(一)建设服务品牌对增强渠道掌控力具有重要意义

增强渠道掌控力已成为新阶段卷烟营销网络建设的核心目标。从现代营销的视角看,"渠道掌控力"就是客户依存度/客户粘性,即卷烟零售客户对烟草行业的依赖程度。高依存度即意味着高掌控力,低依存度即意味着低掌控力。客户依存度,归根结底来自于卷烟零售客户对烟草企业提供的商品和服务的满足与满意程度。因此,渠道掌控力,不应建立在强权与管制的基础上,而应建立在"赋能"与"链接"的基础上。增强渠道掌控力,就是要充分发挥行业优势,实施"赋能",提供"链接",以零售终端为阵地形成"烟草+"共生经济体,这样才能从根本上巩固零售终端对行业的依存度。阿里巴巴2019年初重磅推出"鲸小喜"新零售品牌,也是试图以品牌解决"赋能"与"链接"的问题。

(二)建设服务品牌已成为行业营销网建重要工作部署

2018年全国卷烟营销网建浙江现场会指出:"探索渠道品牌化建设,打造自有流通品牌,对商业企业加强渠道掌控、拓展发展空间、提升核心竞争力具有重要的战略意义。"2019年全国卷烟销售工作会议指出:"要积极探索以省为单位统一建设流通品牌，面向核心客户输出品牌、输出管理、输出模式，不断扩大消费者和零售客户对流通品牌的知晓率、认可度，努力将流通品牌打造成为商业企业最有价值的核心资产，进一步增强渠道掌控力。"商业企业要建设什么样的品牌？国家局从营销网建的角度表达为"流通品牌"，贵州省局（公司）从两烟业务的角度表达为"服务品牌"，两者在内涵上是相通的，关键都在于服务质量，换言之，"流通品牌"是"服务品牌"在卷烟营销网络建设中的具体表现。

（三）贵州烟草商业服务品牌已有较为成熟的基础

经过近年来的不懈努力，黔彩已建立了品牌 MI、VI 和 SI，形成了品牌标准化应用规范手册，完成了黔彩品牌 11 个子类的商标注册申请，截止到 2019 年 6 月，直营门店总数达到 76 家，分布于全省 9 个地市州，并发展了部分加盟店，品牌实现了初步传播，事实上已成为受法律保护、被市场认可、具有鲜明烟草特色和显著识别性的服务品牌（流通品牌）。从行业内情况来看，黔彩已与大连烟草"春天"、浙江烟草"香溢"、福建烟草"海晟"、广东烟草"20 支"、上海烟草"海烟商行"等知名品牌并驾齐驱。

二、模式内涵

所谓"品牌赋能型融合模式"，即以全省统一的黔彩服务品牌为统领，建立一致的商业信誉、质量承诺与身份认同，以"直营＋加盟""卷烟＋非烟""线上＋线下"为基本商业架构，构建品牌化、连锁化、能掌控的零售商业体系，充分发挥黔彩新零售在全省卷烟营销网络建设中的"新模式引领、新技术示范、新动力赋能、新形象代言"等作用，打造高质量卷烟营销网络的"实验田""样板间"，逐步实现品牌势能向更多卷烟零售终端的有效输出，为供应商、零售商和消费者创造各自所需的价值，从而形成共生共赢、共创价值的黔彩新零售生态圈，并成为"1466"卷烟营销新生态价值体系的有机组成部分。模型如图 3－1 所示。

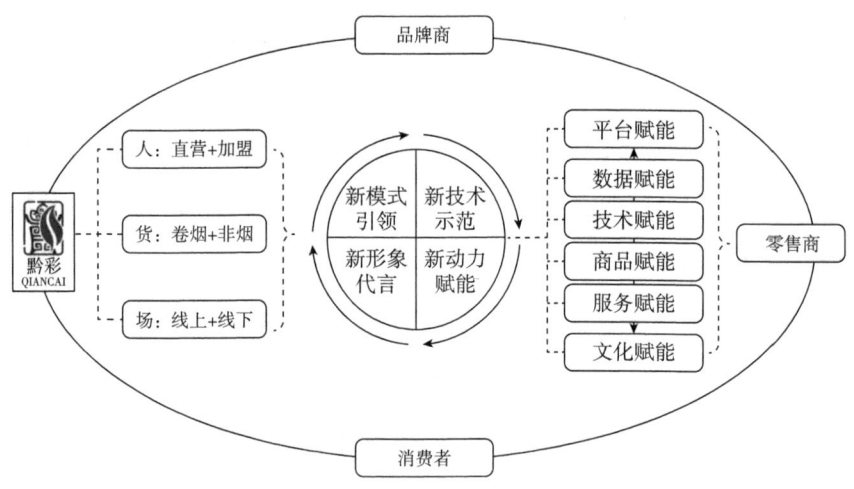

图 3-1 品牌赋能型融合模式示意图

这一模式包括三个方面内容：

(1) 黔彩品牌的定位。在这一模式下，黔彩不再仅仅是投资公司的新零售品牌，而是全省系统统一的贵州特色、行业特色、商业特色"三位一体"的服务品牌（流通品牌）。

黔彩服务品牌的服务对象多元，包括烟农、零售客户、消费者、工业企业等，在卷烟营销网络建设中主要有三大使用场景：①授权给卷烟零售客户使用，发展连锁加盟终端，让加盟客户充分感知身份认同价值，以连锁化、品牌化改变传统单店建设模式，使现代终端建设从"植树"走向"造林"，提升终端建设效率与质量。②以品牌取信、聚合消费者，让消费者充分感知商业信誉和质量承诺，开启消费者认网络、认渠道的卷烟消费新时代，进一步提升消费者服务水平。③以品牌吸引更多更优质的非烟商品供应商，实现对与烟草有相关性的非烟商品品类的有效覆盖，为零售客户和消费者创造更多的服务溢价。

(2) 黔彩新零售在卷烟营销网络建设中的作用。黔彩新零售直营店、加盟店在卷烟营销网络建设中应充分发挥"四新"作用，成为高质量卷烟营销网络的"实验田""样板间"。"四新"作用是指：①新模式引领，即建立数字化零售经营新模式，引领其他终端转型升级。②新技术示范，即有效应用现代信息与智能技术，成为其他终端的学习示范。③新动力赋能，即通过新模式引领和新技术示范应用等，为其他终端转型升级提供动能。④新形象代言，即树立规范经营、文明经营、现代经营形象，向消费者和社会彰显卷烟营销网络形象。

（3）黔彩新零售的基本战略。在"直营+加盟""卷烟+非烟""线上+线下"的商业模式基础上，进一步突出"轻资产、强链接"的战略路径。综合新零售发展趋势和行业政策要求，黔彩新零售必须采取以发展加盟终端为主的轻资产战略，通过特许加盟和品牌加盟两种模式，构建虚拟连锁与实体连锁共同发展的格局。特许加盟契合增强渠道掌控力所需要的"强链接"关系，品牌加盟符合卷烟零售终端实际需求。

三、模式要素

黔彩服务品牌（流通品牌）从六个维度为卷烟零售终端持续提供赋能，提高客户依存度，建立"不是所有、胜似所有""不求所有、但求所用"的高质量零售网络。

（一）平台赋能

品牌离不开平台承载，承载黔彩流通品牌的主要线上平台是"黔彩云"智慧连锁系统平台，包括连锁管理系统（PC、App）、门店POS系统（PC、App）、微信会员系统（App、微信）以及线上商贸系统（PC、App），实现多渠道、多平台、多功能的系统服务。平台赋能主要体现在以下三个方面：一是为客户提供便捷、高效的非烟商品订货平台，帮助加盟终端拓展盈利空间；二是为客户提供敏捷、智能的零售经营"管家"，帮助加盟终端明明白白算账，轻轻松松挣钱；三是为客户提供可触达、可识别、可分析、可互动的消费者会员系统，帮助加盟终端有效跟踪消费者。这三个方面的共同作用，使"黔彩云"成为有内容、有粘性、有温度的平台，帮助加盟终端实现"腾笼换鸟"式升级。

（二）数据赋能

平台即"数据芯片"，有平台赋能，就必然有数据赋能。数据赋能主要体现在以下三个方面：一是运用新技术帮助加盟终端打造数字化门店，以数字科技贯穿消费全过程，构建无限次、多终端、全场景的数据跟踪采集体系；二是运用数据分析、数据挖掘技术，为加盟终端开发用户画像、智能选货、智能补货、经营指导、品牌培育、库存管理等个性化数据服务产品，帮助加盟主提升经营业绩；三是通过应用消费者会员体系，为加盟终端营造基于信任的社群型营销生态，实现快速拉新、高效锁客、精准留存、强化粘性的会员精准营销。通过这三个方面的共同作用，让加盟终端做到"背靠大'数'好乘凉"，逐步实现数据驱动下的"人、货、场"重构。

（三）技术赋能

新技术是驱动零售变革、驱动卷烟营销网络升级的关键因素，技术赋能与平台赋能、数据赋能相伴相生。这主要体现在两个方面：一是指导加盟终端升级基础设施，顺应万物互联的发展趋势，积极探索使用如电子标签、扫码行为识别、人脸识别、AR/VR、云货架、智能柜台/货架、智能广告屏、智能承重结算台、零售机器人、实时监控视频等新设施，从而形成线上与线下全面融合、实时互通的新图景；二是指导加盟终端应用新技术，以基础设施升级为依托，积极探索应用各种现代技术特别是人工智能技术，逐步实现智能陈列、智能导购，改造终端体验场景，营造内容式购物体验。通过这两个方面的共同作用，让加盟终端"软硬件一体化"，真正成为数字化智慧门店，积极发展品质零售、智慧零售、跨界零售、绿色零售。

（四）商品赋能

商品赋能是指充分发挥行业优势和黔彩"卷烟+非烟"的业务优势，为加盟终端提供"稳定+创新""保底+争高"的盈利空间。这主要体现在以下两个方面：一是卷烟商品方面。利用大数据技术帮助客户精准选品，提高品牌与店铺目标消费人群的匹配度，细化卷烟品牌培育，培育专属每个店铺的"爆款"品规，使卷烟销售成为稳定的利润源。二是非烟商品方面。在建设非烟商品订货平台和打造非烟商品自有品牌的基础上，一方面利用大数据技术挖掘与卷烟有显著相关性的非烟商品，引入差异化、高性价比的非烟商品，实现"一站式"供应；另一方面利用大数据技术帮助客户科学选品，培育专属每个店铺的"特色"品种，帮助客户拓展利润源。通过这两个方面的共同作用，让加盟终端建立数据驱动的"卷烟＋非烟"最优业务结构（"一品一功能，一品一市场"），与烟草形成不能离开、不愿离开的利益共同体。

（五）服务赋能

服务赋能是指以优质的基础服务（商品、结算、物流、信息等）和创新的增值服务（技术、金融、导流、体验等），为加盟终端持续创造服务溢价，不断增强与它们的利益链接与情感链接。这主要体现在以下两个方面：一是通过大数据与新技术提高服务的及时性、精准性、有效性（参见"数据赋能"与"技术赋能"）；二是发挥黔彩优势，整合各类增值业务供应商（如银行、保险、彩票、物流、家政等），不断拓展增值服务内容，提高非烟零售供应链金融服务能力，为加盟终端提供设计更贴心、项目更丰富、价值更多元的增值服务，利用有限门店提升无限价值。通过这两个方面的共同作用，让加盟终端成为离不开基础服务、更需要增值服务的"经营共同体"。

（六）文化赋能

文化赋能是指充分发挥黔彩服务品牌的商业信誉与烟草背书优势，生动演绎品牌文化，持续提高品牌对零售客户和消费者的影响力。这主要体现在以下三个方面：一是统一品牌形象元素，在所有品牌接触点规范使用品牌标识、字体、色系、口号、IP等品牌元素，建立统一的品牌形象；二是加强品牌文化传播，与自律互助小组建设等相结合，深化植入"两个至上"行业共同价值观与贵州烟草商业"黔彩,新生态"企业文化体系,落实"黔彩生辉、共创共享"服务理念,增强零售客户的文化认同;三是拓展品牌文化内涵,与推进党建向零售终端延伸、强化行业形象建设等工作结合,不断创新品牌传播载体,深化品牌文化内涵。通过这三个方面的共同作用,让加盟终端成为认同文化、传播文化、践行文化的"文化共同体"。

"六个赋能"构成了品牌赋能型融合模式的主要内容,也构成了黔彩新零售建设的主要内容,其旨在建设以消费者体验为中心的数据驱动的具有烟草特色、高识别度的高质量卷烟零售终端。

第二节 黔彩新零售品牌建设路径

"品牌赋能型融合模式"为进一步厘清黔彩新零售与卷烟营销网建的融合路径与切入点提供了依据,只有在融合中"六个赋能"才能得以真正实现,渠道掌控力才能得以有效增强。"融合"体现在实际工作中就是"互相能为对方做什么",重点是黔彩新零售能为卷烟营销网络建设做什么。从工作实操的角度,本章提出五大融合路径。

一、体系融合,品牌共建

体系融合是指按照"做精标杆终端,做优现代终端,做强加盟终端,做大合作终端,做实特色终端"要求,使黔彩新零售有机融入贵州烟草商业特色零售终端体系。

按照省局(公司)规划,贵州烟草商业特色零售终端建设金字塔体系由"三层五星四特色"组成。"三层"是指根据终端运行水平、功能发挥质量等,将全省卷烟零售终端在纵向上分为标杆终端、现代终端、普通终端三个层级，全面构建"金字塔"型卷烟零售终端体系。"五星"是指标杆终端按照价值大小依次分为五星、四星、三星三个层级，现代终端按照价值大小依次分为二星、一星两个层级。"四特色"是指按照终端特色，将全省特色终端分为旅游终端、交通终端、娱乐终端、其他类终端形态。毫无疑问，黔彩新零售的所有店面类型都应融入统一的零售终端体系，成为标杆终端、现代终端的必然组成部分。黔彩直营店、特许加盟店应当而且必须成为标杆终端（具体星级则根据评价结果确定），黔彩品牌加盟店（合作终端）则应当"从现代终端中来，向标杆终端努力"，具体层级与星级根据评价结果确定如图3-2所示。

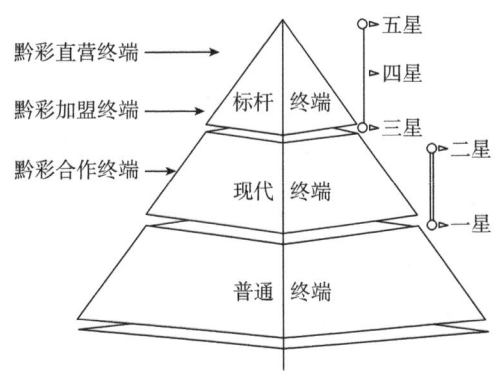

图3-2　品牌赋能型终端建设体系融合示意图

为进一步增强体系融合度，需要厘清和把握如下切入点，做到主辅共建零售终端体系：

（一）正确定位和充分发挥各类终端在卷烟营销网络建设中的作用

1. 正确定位和充分发挥直营终端在网建中的赋能标杆作用

按照新零售发展方向和贵州烟草商业标杆终端建设标准，将黔彩直营店打造成为卷烟新零售的"旗舰店"、行业终端网络的"制高点"、行业掌控渠道的

"桥头堡"、中式卷烟的"栽培室",充分体现先进性、代表性、示范性,全面发挥卷烟销售、形象展示、品牌培育、宣传促销、信息采集、消费跟踪、消费体验等功能(具体表现为五个中心:新模式演示中心、新技术示范中心、新品发布中心、消费体验中心和文化展示中心)。

2. 正确定位和充分发挥加盟终端在网建中的赋能示范作用

加盟终端是指以"黔彩便利"作为零售终端店名,在形象标准、装修标准、设备标准、系统标准、结算标准和管理标准等方面,严格按照全省统一要求开展经营的卷烟零售终端(对应商贸公司规划的"特许加盟")。按照行业卷烟营销网络建设政策要求和贵州烟草商业标杆终端建设标准,将黔彩加盟终端打造成为构建新模式、应用新技术、激活新动力、展示新形象的"样板间",构建连锁化、品牌化卷烟零售新终端,同时探索解决营销网建中的主要难题。

3. 正确定位和充分发挥合作终端在网建中的赋能传导作用

合作终端是指以黔彩服务品牌为基础,至少具有全省统一的黔彩门头标识及系统平台,并按照本地统一要求开展经营的卷烟零售终端(对应商贸公司规划的"品牌加盟")。按照行业卷烟营销网络建设政策要求和贵州烟草商业标杆终端建设标准,将黔彩合作终端打造成为统一平台、统一形象的品牌传播阵地,逐步带动更多卷烟零售终端加入黔彩大家庭。各类终端建设定位与目标如表3-1所示。

表3-1 黔彩新零售不同类型终端建设定位与目标

	直营终端	加盟终端	合作终端
基本定位	赋能标杆	赋能示范	赋能传导
建设目标	新零售探索的"试验田" 终端网络的"制高点" 中式卷烟的"栽培室"	构建新模式 应用新技术 激活新动能 展示新形象	统一平台 统一形象
星级目标	标杆终端五星级	标杆终端四星级	标杆终端三星级
备注	实际星级以现代终端建设评价结果为准		

（二）建立不同类型终端建设的分工协同机制

1. 直营终端建设的分工与协作

黔彩直营店由投资公司负责建设，推动建立市场化运作机制，按市场方式招录和管理员工，按自负盈亏要求开展经营活动，引导直营终端在公平竞争中健康发展，不断增强市场竞争力。卷烟处根据网建工作需要予以指导，各州市公司将其作为一个客户类别纳入网络统一管理服务，客观评价其在标杆终端中的星级水平，营造公平竞争的市场环境。直营店作为现代终端、普通终端的学习榜样和客户自律小组的活动场所、学习场所，投资公司负责随时开放和组织相关学习活动。

2. 加盟终端、合作终端建设的分工与协作

在选择发展对象方面，投资公司负责制定标准与审核，各州市公司营销部门负责具体实施，做到与现代终端建设对接，落实行业"控大稳中扶小"方针，优先选择评价结果"优秀"的现代终端，优先选择社区便利店等中小型终端，兼顾创业型新客户。在店面改造提升方面，投资公司负责提供方案和配套资源，由各州市公司营销部门按照全省统一建设标准，引领终端业态升级和整店打造。在功能发挥方面，卷烟处与投资公司共同制定和组织落实《终端连锁加盟规范》《消费信息采集规范》《会员积分应用规范》《数据分析利用规范》和《品牌培育规范》五个规范，协助解决营销网建中的主要难点问题，并将经验共享给各州市公司营销部门。在动态管理方面，投资公司负责制定标准、组织培训、审核评价结果等，各州市公司营销部门负责纳入现代终端建设评价范围并定期实施评价，提供相应的服务及监管。

二、平台融合，数据共享

平台融合是指实现黔彩新零售线上平台与卷烟营销网络业务平台的对接与数据共享。

在"1466"卷烟营销新生态价值体系中,智慧平台是核心。智慧平台围绕消费者、零售客户、工业企业、社会大众四个主体,将市场化取向改革要求与现代信息技术实践结合起来,创造性地应用大数据、人工智能、移动互联网等先进技术,推动预测需求、满足消费、调控市场的水平进一步提高,推动公平、精准、高效服务客户的能力进一步增强,推动工商协同、培育品牌、连接消费者的主导作用进一步发挥,使平台真正成为卷烟营销决策中心、调度中心、展示中心,全面提升卷烟营销管理水平。因此,平台融合应坚持"小平台服从大平台、小平台融入大平台"的原则,着重厘清和把握以下切入点:

(一)"黔彩云"平台主动融入智慧营销大平台

"黔彩云"平台积累的零售终端数据、会员消费者数据等数据资源应导入智慧营销平台的数据仓,便于省市两级营销部门获取更多数据,探索实施数据营销、精准营销。其中,会员管理系统实现从"无记名消费"到"有记名消费",使会员消费者可触达、可分析、可跟踪,有效解决了营销网建中的卷烟消费者数据采集与分析难题,应以会员消费者数据共享为重点,促进打通工、商、零、消价值链的"最后一公里",构建数据驱动的消、零、商、工现代卷烟营销新模式。

(二)有序分工推广门店管理工具,共同打造"数据终端"

根据行业终端建设要求,要以省为单位统一系统、统一标准,加快推广应用"全商品扫码、全店铺管理、全渠道支付、会员制管理"的终端管理信息系统,并将终端管理信息系统作为现代终端的标配,把数据采集质量作为评价现代终端建设质量的重要指标。因此,面向现代终端推广行业统一的终端管理系统,面向加盟终端、合作终端推广"黔彩云"的门店POS系统,在日常工作中可以并行不悖,但在现代终端向加盟终端、合作终端切换的过程中,则存在两个系统是否要合二为一的问题,毕竟让零售客户同时使用两套门店管理系统既无必要也有难度。原则上,各州市公司营销部门应积极引导加盟终端、合作终端统一使用"黔彩云"门店POS系统,投资公司积极应用各种智能技术,解决数据质量跟踪和评价问题，共同聚力把加盟终端、合作终端打造成为真正的数字化智慧门店，确保数据统一和数据安全，沉淀属于贵州烟草商业自己的优质数据资源。

（三）投资公司定期向省市营销部门和工业企业提供数据分析报告

发挥黔彩新零售在数据资源采集与挖掘上的优势，定期向省市两级营销部门和工业企业提供数据分析报告，为省市营销部门和工业企业营销决策提供数据支撑。具体的数据分析报告包括但不限于：直营店、加盟店销售分析报告（商业），直营店、加盟店品牌培育分析报告（工业），会员消费者消费行为分析报告（商业），全省卷烟消费热力图（商业）、全省卷烟市场状态分析报告（商业）等，以及向加盟店提供"数据赋能"所需要的个性化数据服务产品。

三、服务融合，运行共维

服务融合是指投资公司与卷烟营销两条战线的人员在对终端客户的日常运行维护中应做到有序分工、加强协同，为客户提供界面一致、节奏一致、标准一致、质量一致、体验一致的优质服务。

直营终端、加盟终端、合作终端与其他零售终端一样，是卷烟营销网络的组成部分，是烟草商业企业的客户群体，必然纳入烟草公司的日常服务与管理体系。因此，服务融合应坚持"平等对待、有序分工、确保优质"的原则，着重厘清和把握以下切入点：

（一）在客户分类上，坚持公平原则，设立专属标签

各州市公司营销部门把黔彩直营店、加盟终端、合作终端分别作为一个独立的客户类别植入营销系统，便于识别和维护。客户分档则按照卷烟营销市场化取向改革要求与规则统一划分，并引入终端建设评价结果，增强分档的科学性，保障服务的公平性。

（二）在服务内容上，坚持有序分工，突出服务赋能

卷烟商品的基础服务由各州市公司按照自身服务体系提供，主动进行服务响

应；非烟商品的基础服务由商贸公司统一设计、提供"一站式"供应。面向加盟终端、合作终端和会员消费者的增值服务，由商贸公司统一设计"黔彩创客"（面向创业创新型客户）、"黔彩帮客"（面向加盟终端、合作终端）、"黔彩赢客"（面向更多客户）、"黔彩贵客"（面向会员消费者）等服务体系并提供营运支持，各州市公司客户经理协助指导客户实施。同时，聚焦数据赋能，以数据驱动对客户的经营指导，商贸公司人员负责定期向各州市公司营销部门提供面向加盟终端的数据服务产品，各州市公司营销部门负责组织实施。

（三）在服务载体上，与推进自律互助小组建设相结合

随着加盟终端建设的推广，逐步努力实现"一个小组有一户加盟终端或合作终端"的目标，充分发挥加盟客户在小组活动（如商品众筹众销、品牌培育等）中的带头作用，在小组功能上（如明码实价、商品管理、信息平台应用等）的示范作用。投资公司协助各州市公司组织现代终端、普通终端客户到直营店、加盟店进行观摩学习，或根据需要派出人员上门指导、培训。

（四）在服务协同上，建立沟通制度，探索"云服务"

原则上，商贸公司与各州市公司营销部门每年举行一次沟通协调会，商贸公司市场督导人员与州市公司市场经理、客户经理每年举行一次座谈会，双方共同研判客户需求，共同研讨服务设计，共同创设服务项目。同时，投资公司探索建立云服务平台（云呼叫中心），以快速响应加盟客户的服务需求；逐步探索实现投资公司市场人员移动办公平台与州市公司客户经理移动工作平台的对接。

四、监管融合，规范共管

监管融合是指投资公司与卷烟营销两条战线的人员在对终端客户的日常监督监管中应做到有序分工、紧密协同，确保树立规范经营标杆。

（一）统一监管

所有黔彩新零售终端均由各州市公司纳入统一的监管体系，实施日常监管与

预警管理，做到全面管控；商贸公司通过用好加盟评价退出机制、零售户黔彩会员值以及政策福利三大管理工具，强化零售终端的正向激励，加强市场督导工作，确保直营终端、加盟终端和合作终端模范地遵守规范经营各项要求。

（二）紧密协同

商贸公司通过现代视频监控技术和图像行为识别技术，构建远程、无缝隙、弱感知的监督管控平台，一经发现加盟终端、合作终端在规范经营、扫码采集、待客服务、品牌形象等方面存在问题，除自身采取措施加以纠正外，同步反馈给相关州市公司营销部门，依托"三员"队伍做实监督改进工作。反之，各州市公司"三员"队伍在日常服务中发现加盟终端、合作终端存在问题，也同步反馈给商贸公司，便于加强市场督导工作。对在规范经营上存在确切问题、达到退出条件的加盟终端、合作终端，双方协同采取措施启动退出机制，确保黔彩品牌的信誉与形象。

五、机制融合，形成合力

工作机制融合是指建立以卷烟处为主、投资公司为辅的共同部署、共同推进、共同评价的终端建设工作机制。

（一）共同部署

在每年的终端建设工作部署上，双方保持密切沟通协调，特别是在直营终端、加盟终端、合作终端建设方面，充分考虑黔彩新零售业务发展实际，共同设定相关目标，确保目标的科学性与合理性。

（二）共同推进

卷烟处原则上将商贸公司作为一个网建责任主体与州市公司营销部门同等对待，参与学习网建相关文件，参加相关会议，参与专题调研，参与工作检查，共同落实有关工作举措。投资公司与州市公司探索设立差异化、互补性专业化岗位，以形成合力更好地为零售终端赋能。各州市公司结合推进客户经理职能转型，把对加盟终端、合作终端的指导服务纳入市场经理、客户经理的工作职责。投资公司每年组织对卷烟营销一线人员的专题培训，为他们拓展服务加盟终端、合作终端提供技能支持。

（三）共同评价

在加盟终端、合作终端的个体评价上，各州市公司将纳入统一的现代终端评价体系，并将评价结果与商贸公司共享。在终端建设的年度工作评价上，商贸公司参加与加盟终端、合作终端建设有关的评价方案设计，同时，商贸公司负责提供年度加盟终端、合作终端数据分析报告，为卷烟处和各州市公司客观评价终端建设工作提供参考依据。卷烟处将加盟终端、合作终端发展情况纳入对各州市公司营销网建工作的年度考核；州市公司将加盟终端、合作终端发展情况纳入对卷烟营销岗位的年度考核。

第三节　本章小结

本章从卷烟营销网络建设的整体视角提出了基于新零售与卷烟营销网络渠道融合的黔彩流通品牌培育模式与路径，在五大融合路径中，体系融合是基础，平台融合是关键，服务融合是核心，监管融合是要求，工作机制融合是保障。在黔彩服务品牌的统领下，五路融合，六维赋能，构建具有贵州特色的卷烟零售终端黔彩服务品牌。

第四章 黔彩新零售会员价值研究

第一节 会员数据收集

数据是管理决策的重要支撑。为规范黔彩新零售消费者数据信息采集工作，需要建设消费者数据库，实现数据驱动的智能零售。

消费信息的采集对象为，在认同并签订"黔彩便利"服务协议和隐私协议基础上，在门店发生实际消费的消费者和"黔彩便利"微信公众号关注粉丝。终端门店应选择把具有典型性、代表性且愿意被跟踪的年满18周岁以上的本区域常驻居民发展成为黔彩会员，持续进行消费信息跟踪采集。

采集方式主要包括：①线上采集。线上通过"黔彩便利"微信公众号采集关注用户、会员用户的基础信息和在线购买信息。②门店采集。终端门店通过黔彩POS系统采集用户的基础信息、扫码销售实时记录顾客的购买行为等。必要时，商贸公司可组织全体门店开展专项消费者调查，采集专项信息。

采集内容主要包括：①消费者基础信息。主要是指消费者的基础属性信息，包括但不限于姓名、性别、年龄、职业、学历、收入、常驻区域、联系方式（基础会员ID、电话、微信以及通讯地址）等。②消费者行为信息。主要是指消费者的实际购买行为信息,包括但不限于购买品类、品牌(规格)、购买数量、购买金额、购买时间、购买地点、购买方式等。③消费者评价信息。主要是指消费者对门店服务及消费品牌的评价信息,包括对门店便利性、体验性、人员服务以及对所购买商品的品质、包装、价格、售后服务等方面的意见和建议。

为保证数据质量要求,门店对消费者每次购买的行为必须及时真实准确录入,做到"每卖必扫",保证数据的真实性、稳定性、连续性。门店要充分发挥消费者会员积分、品吸体验活动的作用,调动消费者的配合度与参与性,在消费者自愿和落实数据安全监管的情况下,尽可能完整地采集消费者基础信息。建立各分店会员基础数据完整率指标,并在公司月报上排行公布。

第二节 会员基础数据分析

从日常运营的角度,新零售中的"人"主要指消费者(用户)。客流量、转化率、客单价、连带率、平均零售价格(ASP)、黔彩会员消费占比等指标综合反映消费者消费能力和消费潜力。

客流量是指门店信息系统监测的进入门店的消费者数量,反映门店的位置优劣和市场吸引力。以信息系统监测的数据量为准。

转化率是指进入门店的消费者发生实际购买的比例,反映门店的商品吸引力、服务质量和导购能力,通常按月、季和年度开展分析。计算公式:同期内实际购买人数/进店消费者人数。

客单价(ATV)是指门店每个顾客平均购买商品的金额,即平均交易金额,反映门店的人员附加销售能力、货品组合的合理程度及顾客的消费心理。计算公式:日 ATV = 日营业额/日客单数;月 ATV = 月营业额/月客单数;年 ATV = 年营业额/年客单数；个人 ATV＝某个人一段期间内的业绩/这个人在这期间内的总销售单数。

连带率是指销售件数和交易次数相除后的数值，反映顾客平均单次消费的产品件数和门店的附加销售潜力。计算公式：日连带率＝日销售件数/日客单数；周连带率＝周销售件数/周客单数；月连带率＝月销售件数/月客单数；年连带率＝年销售件数/年客单数。通常而言，连带率低于1.3说明存在问题。

平均零售价格（ASP）是指顾客的平均消费价格，反映顾客的消费能力、货品的定价，也反映员工推介高价货品的能力。计算公式：日 ASP＝日营业额/日销售件数；月 ASP＝月营业额/月销售件数。

黔彩会员消费占比是指会员消费者购买金额与总营业额的比例，反映门店会员的消费情况，从侧面表明门店的市场占有率和顾客忠诚度，考量门店综合服务能力和市场开发能力。计算公式：会员占比＝会员消费额/营业额。

对上述指标可按天、周、月、季或者年度为主进行数据分析。每天或每周的数据以追踪为主、分析为辅，侧重于分析发生了什么的层面。每月每季的数据以分析为主，侧重于研究趋势，找到关键问题。年末的会员数据分析以研究为主，用来指导下一年策略制定。

第三节 会员价值分析

一、RFM 模型概述

RFM 模型通过一个会员的最近一次消费（Regency）、消费总体频率（Frequency）以及消费金额（Monetary）对会员进行 RFM 打分，根据会员的 RFM 得分来描述该会员的价值状况，拥有最高合并 RFM 得分的会员即为价值最高会员。该模型主要通过衡量会员价值对会员细分，根据不同类别的会员制定个性化的沟通和营销服务，为更多的营销决策提供有力支持。

最近一次消费（R）是最重要会员价值因子。该因子主要基于会员最近一次交易日期计算得分，距离当前日期越近，其得分越高。从理论上看，最近购买产品或者服务的顾客，最有可能成为再次光顾的消费者，对推出的新品也最有可能做出反应。

消费总体频率（F）是第二个重要的会员价值因子。该因子通过计算会员一定时间内交易频率，按交易频率的值在 F 方面对会员进行评级，交易频率最高的会员其得分也最高，该指标主要反映会员交易活跃度。

消费金额（M）是第三个重要的会员价值因子。该因子通过计算会员在一定时间内购买金额的总和，按消费金额的值对会员进行评级，其中消费金额值最高的会员将获得最高等级。M 值越大，表示会员价值越高。过去消费金额较多的会员比消费金额较少的会员更可能做出反应。根据"帕累托"法则，消费金额越多的会员是越需要维系关系的会员。

根据上述 RFM 模型，得到每个会员的四个评分：最近消费时间、频率、金额以及合并 RFM 得分，即将三个单个得分连接为一个值。拥有最高合并 RFM 得分的会员即为"最佳"会员。在应用过程中，将 R、F、M 三个指标分别分为"高"和"低"两种，高于均值的为"高"，低于均值的为"低"，然后根据三个变量"高""低"的组合来定义会员类型，如"高""高""高"为高价值会员。

二、黔彩新零售会员价值层次化 RFM 模型指标

（一）R 指标

一般而言，上一次购买时间距离现在越近的顾客价值越大。本书以最近一次

购买时间距离 2020 年 3 月 1 日的天数为依据分为 5 个等级，天数越少的会员其等级越高。黔彩新零售会员在一年时间中，上一次购买距离该日期最长的为 361 天。为使得各等级的人数分布尽量均匀，根据最近一次购买的距离天数分布规律，将 0～30 天评为 5 分，31～60 天评为 4 分，61～150 天评为 3 分，151～270 天评为 2 分，270 天以上评为 1 分。

（二）F 指标

一般而言，消费频率越高的顾客其忠诚度越高。本书将指标购买频率 F 分为两个方面进行评价：一是按月计数的消费次数，记为 Fm；二是平均每月的消费次数，记为 Fd。Fm 与传统的频次计数方法相比，它避免了集中消费而后不再消费的情形，其最大值为 12 个月，表明该会员在一年时间中每月都有购买行为。Fd 则进一步区分顾客忠诚度。Fm 与 Fd 的乘积为会员在一年中的购买次数。将 F 指标分为 Fm 与 Fd，其主要原因在于，在 A 和 B 两位会员消费次数、最近的一次购买时间相同的情形下，如 A 会员的 Fm = 12、Fd = 1，而 B 会员的 Fm = 2、Fd = 6，在传统的价值 F 评价中 A 与 B 会员为同等级别，但实际上 A 会员的忠诚度明显高于 B 会员，且这种情形在黔彩会员中较为常见，特别是存在开始时多次购买而后面很少消费的情形。因此本书将 Fm 作为 F 的主要指标，将 Fd 作为 F 的次要指标。

同样，将 Fm 和 Fd 分为五个等级，为使得各等级的人数分布尽量均匀，根据会员分布规律，将 Fm = 1 评为 1 分，Fm = 2 评为 2 分，Fm = {3，4} 评为 3 分，Fm = {5，6，7} 评为 4 分，Fm = {8，9，10，11，12} 评为 5 分。将 Fd < 2 评为 1 分，2 ≤ Fd < 3 评为 2 分，3 ≤ Fd < 4 评为 3 分，4 ≤ Fd < 5 评为 4 分，5 ≤ Fd 评为 5 分。

（三）M 指标

忠诚度高的顾客表现为消费频率高，但忠诚度高不代表会员价值高，还得看会员的实际消费金额。黔彩零售连锁便利店共经营 2081 个 SKU，以烟和酒为主要商品，烟的销售额高，而酒的平均单价高，其他非烟商品一般销售额低，SKU 价格差距较大，最高的商品价格为 3899 元，最低为 0.5 元，因此，将 M 因子分为两个指标，一个是总金额，记为 Mt，另一个是会员购买的平均价格，记为 Mp，在消费总金额及其他条件相同的情形下，平均价格高的会员比低的会员价值更大。

同样，将 Mt 和 Mp 分为五个等级，为使得各等级的人数分布尽量均匀，根据会员分布规律，将 Mt≤150 评为 1 分，150＜Mt≤600 评为 2 分，600＜Mt≤2000 评为 3 分，2000＜Mt≤5000 评为 4 分，Mt＞5000 评为 5 分。将 Mp≤20 评为 1 分，20＜Mp≤40 评为 2 分，40＜Mp≤60 评为 3 分，60＜Mp≤90 评为 4 分，Mp＞90 评为 5 分。

（四）RFM 值

根据上述指标及其评价标准，某会员的价值评分最终结果为：

$$RFM = R \times 10000 + Fm \times 1000 + Fd \times 100 + Mt \times 10 + Mp$$

如某会员 RFM 得分为 51321，表明该会员最近一次购买时间较短，但在过去的 12 个月中只有 1 个月且在该月中有过三次购买行为，购买总金额偏低，购买价格较低。其五维雷达图如图 4-1 所示。

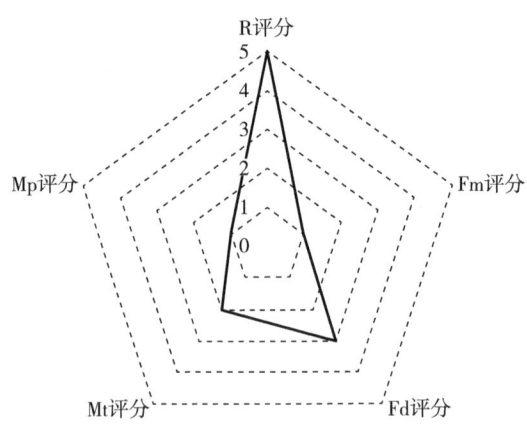

图 4-1 五维 RFM 雷达图

通过雷达图和 RFM 分值可直观看出会员的价值。但上述评价结果共有 5^5 = 3125 种类型,因此为在应用中减少分类,通过对 Fm 和 Fd、Mt 和 Mp 分别赋予相应的权重得到 F 和 M 的评分,并分别将 R、F、M 按平均值分为两个等级,这样将会员分为 2^3 = 8 种类型。8 种类型对应的会员类型如表 4 - 1 所示。在应用中,可在 8 种类型的基础上,根据实际需要进一步细分会员,特别是新零售消费个性化背景下会员不断增加的情形下细分就更为必要。

表 4 - 1 基于 RFM 的会员类型分类

名称	R	F	M	类型
A	高	高	高	高价值会员
B	高	高	低	一般价值会员
C	高	低	高	有潜力高价值会员
D	高	低	低	有潜力低价值会员
E	低	高	高	重点保持会员
F	低	低	高	重点挽留会员
G	低	高	低	一般保持会员
H	低	低	低	潜在会员

A 类会员为绝对忠诚的高价值群体。对此部分群体可倾斜更多的资源,如设计 VIP 服务、专享服务、绿色通道等。针对这部分人群的高价值附加服务的推荐也是提升其价值的重点策略。

B 类会员为一般价值会员。这类群体最近刚完成购买,需要提升的是购买金额。因此,可通过交叉销售、个性化推荐、组合优惠券、打包商品销售等策略,提升其单次购买的订单金额。

C 类会员为有潜力的重点发展会员。这类群体的消费新近度高且订单金额高,但购买频率低,因此只要提升其购买频次,用户群体的贡献价值就会倍增。在提升购买频率上,可指定不同的活动或事件来触达用户,促进其回购,例如不同的节日活动、每周新品推送、高价值客户专享商品等。

D类会员为有潜力的低价值会员。针对这些会员可以增加与订单相关的刺激措施,例如组合商品优惠券发送、积分购买商品等。

E类会员为一般性高价值会员。这类会员的主要着手点是提升新近购买度,即促进其实现最近一次的购买,可通过电话、微信、电子邮件等方式直接建立用户挽回通道,以挽回这部分高价值用户。

F类会员为可挽回的高价值会员。这类会员购买新近度较低,说明距离上次购买时间较长,很可能用户已经处于沉默或预流失、流失阶段;购物频率低,说明其忠诚度一般。因此,针对这部分会员的策略是首先通过多种方式如电话沟通等触达并挽回,然后通过针对流失客户的专享优惠措施促进其消费。

G类会员为一般保持会员。这类会员购买新近度较低且购买金额也较低,但购买频率相对较高。可采取常规性的礼品兑换和赠送、购物社区活动、签到、免运费等手段维持并提升其消费状态。

H类会员是在各个维度上都比较差的会员群体。一般情况下,会在其他各个群体策略和管理都落地后才考虑这类会员。主要策略是先通过多种策略挽回,然后为其推送当前热销的商品或者折扣力度非常大的商品。在刺激消费时,可根据其消费水平、品类等情况,有针对性地设置商品暴露条件,先在优惠券及优惠商品的综合刺激下使其实现消费,再考虑提升其消费频率以及订单金额。

三、黔彩新零售会员价值结果分析

根据专家打分法,取 Fm 的权重为 0.6,Fd 的权重为 0.4,Mt 的权重为 0.8,Mp 的权重为 0.2。部分结果如表 4-2 所示。在表 4-2 中 A 类会员的最近消费天数为 65 天,有 4 个月有购买行为,平均每月购买了 1 次,消费的总金额为 40360 元,平均购买价格为 67 元。对应的五维 RFM 评分为 33154,三维 RFM 评分为 325。该会员距离在最近消费天数中偏低但处于平均水平之上;消费频率处于中等水平，但平均每月只有 1 次处于较低水平，综合来看水平也较低，但处于平均水平之上；购买金额高，价格较高。因此综合归为 A 类会员。

表 4-2 黔彩连锁便利店部分会员价值

会员	RFM 原始值					五维 RFM						三维 RFM				分类结果
	R	Fm	Fd	Mt	Mp	R	Fm	Fd	Mt	Mp	RFM	R	F	M	RFM	
1	7	1	1	260	26	5	1	1	2	2	51122	5	1	2	512	D
2	154	1	1	338	338	2	1	1	2	5	21125	2	1	3	213	F
3	10	1	1	1200	60	5	1	1	3	3	51133	5	1	3	513	C
4	284	1	3	7500	68	1	1	3	5	4	11354	1	2	5	125	E
5	65	4	1	40360	67	3	3	1	5	4	33154	3	2	5	325	A
6	290	1	1	40	10	1	1	1	1	1	11111	1	1	1	111	H
7	12	4	2	79	5	5	3	2	1	1	53211	5	3	1	531	B
8	335	1	3	128	8	1	1	3	1	1	11311	1	2	1	121	G

黔彩连锁便利店共有会员 10989 人，R、F、M 评分为 5 的会员分别占比 22%、2% 和 16%，评分为 1 的会员分别占比 31%、59%、22%，具体如表 4-3 所示。这表明黔彩连锁便利店在会员消费频率方面有待加强，特别是需要实行吸引会员每月消费的有效措施。

表 4-3 黔彩连锁便利店 RFM 评分各等级会员数量分布

类型	R					F					M				
	1	2	3	4	5	1	2	3	4	5	1	2	3	4	5
A			607	400	1374	1064	779	361	177				764	775	842
B			289	162	407	645	181	31	1		304	554			
C			364	131	233	728							536	140	52
D			654	308	399	1361						836	525		
E	359	557					758	133	25				245	241	430
F	1604	548				2152							1251	503	398

续表

类型	R					F					M				
	1	2	3	4	5	1	2	3	4	5	1	2	3	4	5
G	142	233					330	42	3		154	221			
H	1300	918				2218					1159	1059			
总计	3405	2256	1914	1001	2413	6459	2797	1135	420	178	2453	2359	2796	1659	1722
占比	31%	21%	17%	9%	22%	59%	25%	10%	4%	2%	22%	21%	25%	15%	16%

在黔彩连锁便利店所有的会员中，价值类型为 A 的等级会员为 2131 人，占等级会员总数的 20%，消费金额占等级会员消费总额的 62.7%；A 类中 PLUS 会员为 250 人，占 PLUS 会员总数的 56%，消费金额占 PLUS 会员消费总额的 88.0%；PLUS 会员与等级会员中 A 类会员共计 2381 人，占会员总数的 22%，消费金额占会员消费总额的 88.0%。具体如表 4-4 和表 4-5 所示。

表 4-4　不同价值类型会员数量分布

价值类型	等级会员		PLUS 会员		所有会员	
	数量（人）	比例（%）	数量（人）	比例（%）	数量（人）	比例（%）
A	2131	20	250	56	2381	22
B	836	8	22	5	858	8
C	715	7	13	3	728	7
D	1338	13	23	5	1361	12
E	858	8	58	13	916	8
F	2106	20	46	10	2152	20
G	370	4	5	1	375	3
H	2190	21	28	6	2218	20
总计	10544	100	445	100	10989	100

上述结果表明，占比 22% 的 A 类会员消费金额占比 88.0%，具有明显的"二八现象"，因此，黔彩连锁便利店有必要重视这类会员的维护。另外，也要

根据其他类会员的特征加强营销,从整体上提升销售额。

表4-5 不同价值类型会员消费金额分布

价值类型	等级会员		PLUS会员		所有会员	
	数量(元)	比例(%)	数量(元)	比例(%)	数量(元)	比例(%)
A	33739678	62.7	9285755	88.0	43025433	88.0
B	210614.4	0.4	4767.5	0.0	215381.9	0.0
C	1585062	2.9	25945	0.2	1611007	0.2
D	199820.1	0.4	3664	0.0	203484.1	0.0
E	10119977	18.8	1050061	10.0	11170039	10.0
F	7479508	13.9	172141	1.6	7651649	1.6
G	86247.8	0.2	1480	0.0	87727.8	0.0
H	362541.8	0.7	5715.9	0.1	368257.7	0.1
总计	53783450	100.0	10549530	100.0	64332980	100.0

本书运用改进的 RFM 模型研究了黔彩新零售会员价值,该模型不仅可以通过价格来细分会员,而且可以根据营销需要在消费频率及消费金额方面进一步细分,结合会员生命周期管理,可为管理人员制定营销策略提高会员价值提供可靠的、具体的、科学的指导。

四、会员生命周期管理

会员管理既需要将会员基数做大,还要提高会员的购买频次,同时也要防止顾客流失,所以顾客的生命周期管理就意义重大。从一个普通消费者变成会员到最后离企业而去,这就是顾客的生命周期。会员的生命周期管理共分为七个环节,具体如图4-2所示,首先会员是一个消费者,当购买了零售商的产品或服务后就成为顾客,当消费到一定金额或次数时则成为了正式会员,然后对其进行会员分析管理,直到他再也不会来为止。

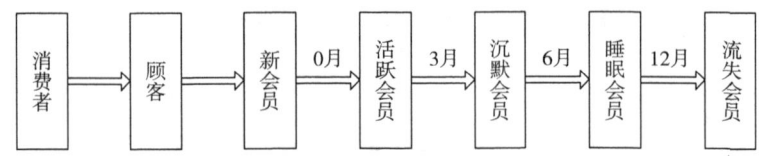

图 4-2 会员的生命周期

会员周期前两个阶段属于顾客管理阶段,实际的会员管理是从其成为正式会员开始,当顾客成为新会员后,他只有在产生第二次购买行为后才会成为活跃会员。

总之,管理者要重视会员数据管理,并正确地对会员的数据进行分析,细分出不同阶段、不同客群,做出精准化的营销方案来提高会员粘度。而这一切实质上又是一个技术性的问题,需要借助数据化管理的系统进行收录、筛选、分析,最后得出结论,管理者通过结论发现问题并作出相应的决策,以此来提高良性运营和管理。同时,会员数据化管理也是一个持续的过程,每月、每季、每年都要持续不断地进行点、线、面分析,需要管理者持之以恒,只有这样才能了解会员,持续挖掘出他们真正的价值。

第四节 会员最优折扣模型

连锁便利店企业为吸引消费者,常通过会员制采用各种促销手段提高顾客忠诚度,如以明码折扣优惠、积分换购礼券、购物赠物为主要形式的消费优惠,以积分返利为主要形式的积分优惠,以对预付消费款给予适当折扣或返还为形式的优惠预付、定制服务,等等,其中以具有顾客锁定效果的会员积分卡折扣促销倍受连锁企业青睐。由于会员积分卡折扣促销使得不同的消费者群体对同样的商品付出了不同的价格,因而本质上是连锁企业针对不同消费者的价格歧视。连锁便利店如何制订最优折扣率?在同时存在积分抵现的情形下,折扣率又该如何制订?这些都是本书要研究的内容。

会员积分制是典型的非价格策略,已有研究表明积分能够对消费者的购买行为产生显著影响,而会员折扣实际是价格策略,其实际效果已经被众多研究所证实。在新零售背景下,连锁便利店常采用折扣加积分的形式进行促销,即采用价格与非价格策略结合的方式。基于此,本书拟从价格策略、价格策略与积分抵现结合两个角度分别建立最优折扣模型,并以黔彩便利店酒类快消品为例对模型进行验证,以期为连锁便利店会员管理提供参考。

一、统一折扣模型

黔彩连锁便利店商品成本加成定价法:设某商品进价为 c,加成比例为 β,无折扣情形下其需求量为 d,此时该商品总利润为 $[(1+\beta)c-c]d=\beta cd$。

便利店常通过对会员打折促销的方式增加商品销量,即以薄利多销的方式增加收入。假设其商品折扣率为 α,且 $0 \leq \alpha \leq 1$,此时销量增加为 $\lambda d(1-\alpha)$,其中正常数 λ 为折扣因子。在不考虑其他促销成本、人力成本的情形下,不考虑积分成本时,此时商品总利润为:

$$\max \pi(\alpha) = [\alpha(1+\beta)c - c][\lambda d(1-\alpha) + d] \tag{4-1}$$

由于 $\dfrac{\partial^2 \pi}{\partial \alpha^2} = -2cd(1+\beta)\lambda < 0$,故 π 存在极大值。根据一阶条件 $\dfrac{\partial \pi}{\partial \alpha} = -cd$ $\{-1 + 2(-1+\alpha)\lambda + \beta[-1 + (-1+2\alpha)\lambda]\} = 0$ 得到 $\alpha^* = \dfrac{1 + \beta + 2\lambda + \beta\lambda}{2\lambda + 2\beta\lambda}$,此时商品的总需求量 $D^* = \dfrac{d(1+\beta+\beta\lambda)}{2(1+\beta)}$,总利润 $\pi^* = \dfrac{cd(1+\beta+\beta\lambda)^2}{4(1+\beta)\lambda}$。

由于 $\dfrac{\partial \alpha^*}{\partial \lambda} = -\dfrac{1}{2\lambda^2} < 0$,$\dfrac{\partial \alpha^*}{\partial \beta} = -\dfrac{1}{2(1+\beta)^2} < 0$,因此最优折扣 α^* 随着折扣因子和加成比例的增加而降低。从商业的角度,若价格加成比例越高,α^* 应越

低,那么商品折扣力度就应越大;折扣因子越高,α^*应越低,那么商品折扣力度也应越大。

与无折扣时相比,总利润增加量为 $\Delta\pi = \dfrac{cd[\beta(\lambda-1)-1]^2}{4(1+\beta)\lambda} > 0$,即商品通过会员折扣促销能有效增加连锁企业利润。

二、统一折扣与积分模型

会员购买商品的同时获得相应的积分,通常每元积分为 1 分,会员再通过积分兑换抵扣现金。设抵扣率为 f,即每积分可抵扣现金 f 元,且 $f<1$。由于抵扣率一般而言非常低,因此对需求量的影响在本书中忽略不计。由此,得到商品的利润为:

$$\max \pi(\alpha) = [\alpha(1+\beta)c - c][\lambda d(1-\alpha) + d] - [\alpha(1+\beta)c][\lambda d(1-\alpha) + d]f \qquad (4-2)$$

根据式(4-2),$\dfrac{\partial^2 \pi}{\partial \alpha^2} = -2cd(f-1)(1+\beta)\lambda < 0$,故 π 存在极大值。根据一阶条件 $\dfrac{\partial \pi}{\partial \alpha} = cd\{1 + 2\lambda - 2\alpha\lambda + \beta(1+\lambda-2\alpha\lambda) + f(1+\beta)[-1+(-1+2\alpha)\lambda]\} = 0$

得到 $\alpha_1^* = \dfrac{1+\beta+2\lambda+\beta\lambda-f(1+\beta)(1+\lambda)}{2(1-f)(1+\beta)\lambda}$,此时商品的总需求量 $D_1^* = \dfrac{d[1+\beta(1+\lambda)-f(1+\beta)(1+\lambda)]}{2(f-1)(1+\beta)}$,总利润 $\pi_1^* = \dfrac{cd[1+\beta+\beta\lambda-f(1+\beta)(1+\lambda)]^2}{4(f-1)(1+\beta)\lambda}$。

由于 $\dfrac{\partial \alpha_1^*}{\partial \lambda} = -\dfrac{1}{2\lambda^2} < 0$,$\dfrac{\partial \alpha_1^*}{\partial \beta} = -\dfrac{1}{2(1-f)(1+\beta)^2} < 0$,$\dfrac{\partial \alpha_1^*}{\partial f} = \dfrac{1}{2(1-f)^2(1+\beta)} > 0$,因此同无积分时统一折扣情形一样,若价格加成比例越高,那么商品折扣力度就应越大;折扣因子越高,那么商品折扣力度也应越大。从积分的角度,抵扣率越高,其折扣力度应该越小。

与无积分时统一折扣时相比,由于 $\Delta\alpha = \alpha^* - \alpha_1^* = \dfrac{1+\beta+2\lambda+\beta\lambda}{2\lambda+2\beta\lambda} - $

$$\left[-\frac{1+\beta+2\lambda+\beta\lambda-f(1+\beta)(1+\lambda)}{2(-1+f)(1+\beta)\lambda}\right] = -\frac{f}{2(1-f)(1+\beta)} < 0,$$ 因此有积分时的折扣力度小于无积分时的折扣。由于 $\alpha^* < \alpha_1^*$，根据需求量 $D = \lambda d(1-\alpha) + d$ 可知 $D^* > D_1^*$。

三、模型仿真

为进一步验证模型的结论，本章以黔彩连锁便利店某店近一年酒类快消品为例对上述模型进行验证。根据酒类成本加成定价法得到 $\beta = 35\%$，平均进价 $c = 160$ 元，在无折扣时销售量为 $d = 13000$ 瓶，根据做活动时的销售量得到 $\lambda = 13$，会员每消费 1 元积 1 分，每 100 分可兑换 0.01 元，即 $f = 0.01$ 元/分。根据模型计算结果，得到 $\alpha^* = 0.908$，$\alpha_1^* = 0.913$，对应的利润分别为 $\pi^* = 1031410$ 元，$\pi_1^* = 976147$ 元。加成定价 β 和折扣因子 λ 对折扣率及利润的影响如图 4-3 至图 4-6 所示。

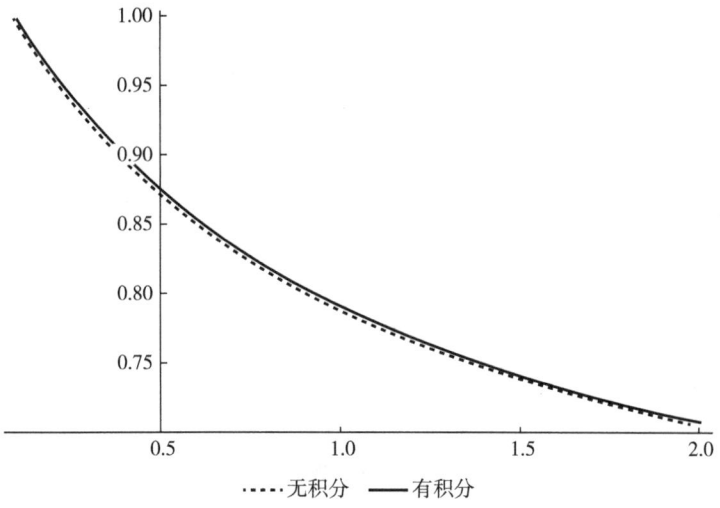

图 4-3 最优折扣随 β 变化情况

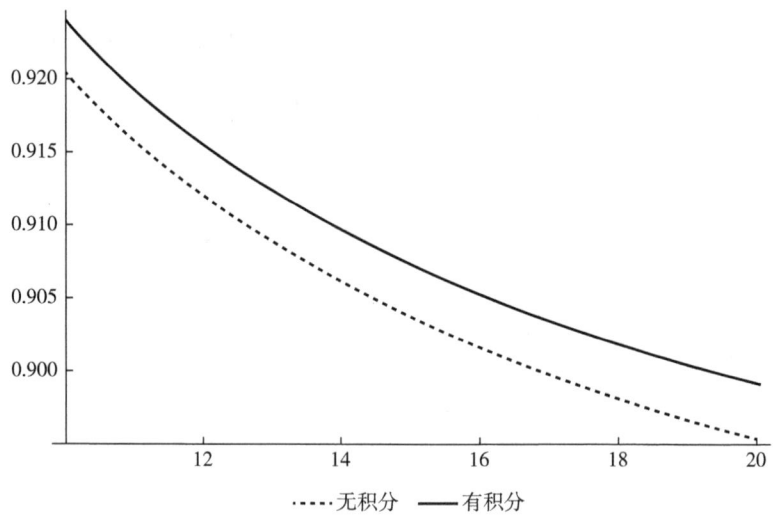

图 4-4 最优折扣随 λ 变化情况

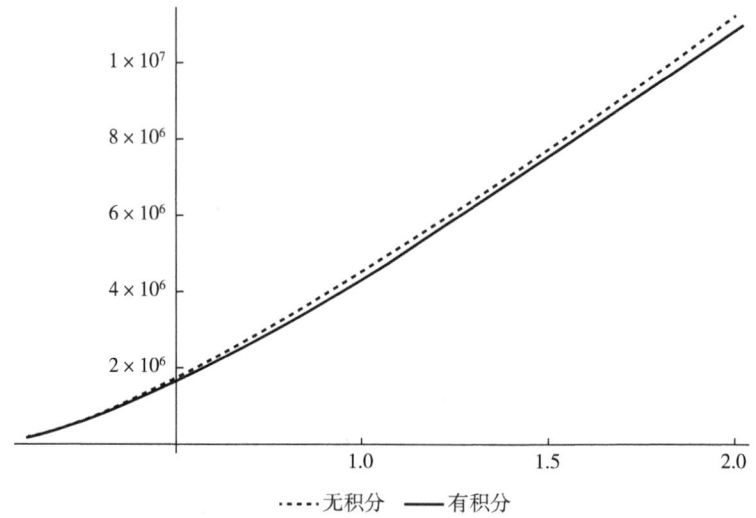

图 4-5 最优利润随 β 变化情况

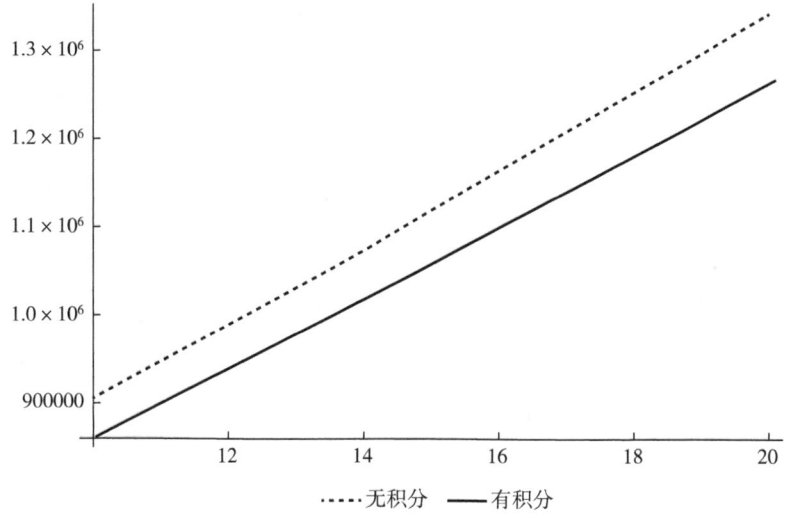

图4-6 最优利润随λ变化情况

从图中可以看出，无积分时的折扣率总是低于有积分时的折扣率，表明无积分时的折扣力度较大。随着加成定价 β、折扣因子 λ 的增加，折扣率降低，表明折扣力度也需要增加。从利润来看，无积分时的利润总是高于有积分时的利润，且随着加成定价 β、折扣因子 λ 的增加利润也逐步增加。

四、结论

本书运用最优化理论，根据加成定价法建立了连锁便利店会员最优折扣模型，并以黔彩连锁便利店酒类快消品为例对模型进行了验证，给出了一定条件下的最优折扣率。结论表明会员折扣促销有利于连锁企业利润的增加，但在积分可抵扣现金的情形下最优利润会降低。本书只考虑到一种商品，也未考虑积分对需求的影响，这可能导致积分抵扣时利润有所下降，但在实际应用中，一种商品的积分促销可能会带动其他商品需求量的上升，从而在总体上增加利润。

第五节　本章小结

建立会员体系对提高连锁便利店的顾客忠诚度有着重要的作用，本章从数据收集规范和基础数据挖掘进行了阐述与分析，根据黔彩新零售会员特征建立了双层RFM模型，结合会员生命周期管理理论，提出了对会员的数据化管理策略。由于折扣促销对锁定会员具有重要的作用，因此建立了会员最优折扣模型，分析了最优折扣率对利润的影响。

第五章　黔彩新零售会员管理研究

第一节　黔彩新零售会员购买行为分析

一、总体分析

黔彩新零售会员等级分为普通会员、积分会员、付费会员。普通会员是指注册后积分在 10000 分以内的会员；积分会员是指注册后积分达到 10000 分以上（含）的会员；付费会员是指对会员卡进行充值的会员，即 PLUS 会员。普通会员与积分会员在本书中统称为等级会员。本章对一定时期内"黔彩连锁"便利店 10989 名有效会员进行统计分析，其中等级会员 10544 人，PLUS 会员 445 人，分别占比 96% 和 4%。具体如表 5-1 所示，统计数据表明黔彩便利店会员存在如下特征：

（一）总积分较高，两类会员平均积分差异明显

黔彩连锁便利店累积的会员积分较高。所有会员共有积分约 7129 万分，平均每人 6489.09 分。按 100 积分作为一个兑换单位测算，其占当期总销售额度的 1.11%，积分成本占每笔订单价格的 1%~2%；按照同类流通企业兑换标准，可

根据实际将兑换单位控制在 100~1000 之间，过低会造成经营成本明显提升。从积分构成来看，黔彩连锁便利店会员积分属于累计积分并存在跨年现象，即没有对积分有效期进行限制，未来可能存在积分集中兑换造成短时间内成本上升，也不利于对会员的分析与维护。因此，积分有效期、兑换规则的设置，对加强企业管理、会员价值维系具有积极的作用。

表 5-1 会员总体销售情况[①]

指标		等级会员		超级会员		总计
		数量	百分比（%）	数量	百分比（%）	
人数		10544	96	445	4	10989
积分	总数（分）	48528879	68	22760218	32	71289097
	平均值（分/人）	4603.82	—	51146.56	—	6489.09
数量	总数（件[②]）	1023526	81	240369	19	1263895
	平均值（件/人）	97.1	—	540.2	—	115.0
单数	总数（单）	88652	84	17518	16	106170
	平均值（单/人）	8.4	—	39.4	—	9.7
销售额	总数（元）	53783450	84	10549529.6	16	64332979.6
	平均值（元/人）	5100.9	—	23706.8	—	5854.3
	平均值（元/件）	52.55	—	43.89	—	50.90
	平均值（元/单）	602.21	—	606.68	—	605.94

表 5-1 显示，两类会员平均积分差异明显。等级会员共有 48528879 分，占总分的 68%，平均每人 4603.82 分，其中积分会员共计 1114 人，平均每人 31063.48 分。普通会员共计 9430 人，平均每人 1477 分。PLUS 会员共有 22760218 分，占总积分的 32%，平均每人 51146.56 分，其中积分低于 10000 分共有 PLUS 会员 274 人，平均每人 2970 分；积分不低于 10000 分共有 PLUS 会员

---

① 会员所有数据时间范围为：2018 年 12 月 1 日到 2020 年 3 月 1 日，下同。
② 从数量单位来看，由于不同类别商品单位不一致，在本书中所有商品数量单位统称为"件"。

171人，平均每人128341分。由于超级会员人数占比较低，积分总量低于等级会员，但平均值高于等级会员11倍。由于积分除成长值外，主要对应会员购买的金额，而PLUS会员平均购买金额是等级会员的4.6倍。按PLUS会员双倍积分计算，PLUS会员的平均积分稍微偏高，这与等级会员中存在较多的流失会员有关。

（二）等级会员购买数量多，PLUS会员平均购买量高

从销售数量来看，共销售商品数量1263895件，平均每位会员购买115件商品，其中等级会员购买数量为1023526件，占总销售数量的81%，平均每人购买97.1件；超级会员购买数量为240369件，占总销售数量的19%，平均每人购买540.2件。超级会员的人均购买量是等级会员的5.6倍。

从销售单数来看，总销售单数为106170单，平均每位会员购买单数为9.7单，其中等级会员购买单数为88652单，占总销售单数的84%，平均每人购买单数为8.4单；超级会员购买单数为17518单，占总销售单数的16%，平均每人购买单数为39.4单。超级会员的人均购买单数是等级会员的4.7倍。

（三）等级会员购买金额高，PLUS会员平均购买金额高、单价低

从销售额来看，总销售金额为64332979.6元，平均每位会员购买金额为5854.3元，其中等级会员购买金额为53783450元，平均每人购买金额为5100.9元；超级会员购买金额为10549529.6元，平均每人购买金额为23706.8元。从每单金额来看，平均每位会员605.94元/单，其中等级会员602.21元/单，超级会员606.68元/单。等级会员人均购买金额低于平均值，而超级会员的人均购买金额远远高于等级会员，也高于平均值，且差距都在4倍左右。从平均每件销售价格来看，每位会员50.90元/件，其中等级会员52.55元/件，超级会员43.89元/件，超级会员销售单价明显低于等级会员。

（四）"二八"现象明显

从会员占比和销售额占比来看，具体如表5-2和图5-1所示，12.8%的会

员占销售额的80%，53.8%的会员占销售额的99%。从等级会员及其销售额来看，13.3%的会员占其销售额的80%，54.9%的会员占其销售额的99%。从PLUS会员来看，21.5%的会员占其销售额的80%，62.1%的会员占其销售额的99%。说明"二八"现象非常明显，尤其是等级会员，因此头部会员的维护显得异常重要。

表5-2 销售额与会员数量占比分布情况

销售额占比（%）	会员数量占比（%）	等级会员占比（%）	超级会员占比（%）
10	0.2	0.2	0.4
20	0.5	0.6	1.1
30	1.1	1.2	2.2
40	2.0	2.1	4.3
50	3.3	3.3	6.7
60	5.1	5.2	10.3
70	7.9	8.2	14.8
80	12.8	13.3	21.5
90	23.0	23.9	32.3
98	46.5	47.5	55.2
99	53.8	54.9	62.1
100	100	100	100

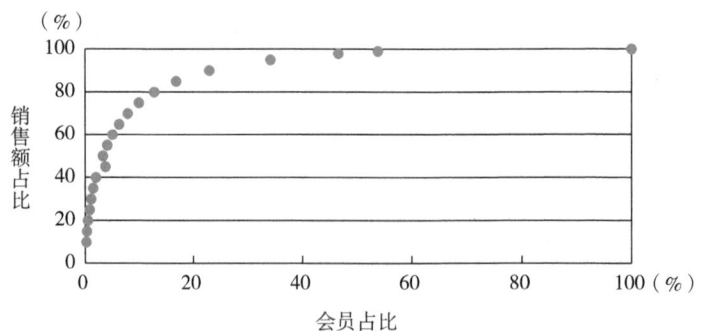

图5-1 会员与销售额占比分布

二、购买频率分析

(一) 购买频率低的会员占比较高

按照购买周期来看,有 5889 名会员只有 1 天有购买行为,占会员总人数的 54%。其中等级会员 5795 人,占等级会员总人数的 55%;PLUS 会员 95 人,占 PLUS 会员总人数的 21%。从分段数据来看,超过 11 天有购买行为的会员人数为 1001 人,占会员总人数的 9.11%,其中等级会员 859 人,占等级会员总人数的 8.15%;PLUS 会员 142 人,占 PLUS 会员总人数的 31.91%。有 1~10 天的购买行为的会员人数为 9988 人,占会员总人数的 90.89%。具体如表 5-3 所示。

表 5-3 会员天数购买行为统计

购买天数 (天)	等级会员			PLUS 会员			会员总计		
	数量 (人)	占比 (%)	累计占比 (%)	数量 (人)	占比 (%)	累计占比 (%)	数量 (人)	占比 (%)	累计占比 (%)
171~180				1	0.22	0.22	1	0.01	0.01
151~160	3	0.03	0.03		0.00	0.22	3	0.03	0.04
141~150	1	0.01	0.04		0.00	0.22	1	0.01	0.05
121~130	3	0.03	0.07		0.00	0.22	3	0.03	0.07
111~120	2	0.02	0.09	1	0.22	0.45	3	0.03	0.10
101~110	2	0.02	0.10	2	0.45	0.90	4	0.04	0.14
91~100	10	0.09	0.20	2	0.45	1.35	12	0.11	0.25
81~90	8	0.08	0.28	2	0.45	1.80	10	0.09	0.34
71~80	17	0.16	0.44	6	1.35	3.15	23	0.21	0.55
61~70	20	0.19	0.63	5	1.12	4.27	25	0.23	0.77
51~60	31	0.29	0.92	9	2.02	6.29	40	0.36	1.14
41~50	59	0.56	1.48	18	4.04	10.34	77	0.70	1.84
31~40	81	0.77	2.25	14	3.15	13.48	95	0.86	2.70
21~30	169	1.60	3.85	24	5.39	18.88	193	1.76	4.46
11~20	453	4.30	8.15	58	13.03	31.91	511	4.65	9.11
1~10	9685	91.85	100.00	303	68.09	100.00	9988	90.89	100.00
总计	10544	100.00		445	100.00		10989		

从会员购买行为的数据分析可知,购买频率在 1~10 天的人数最多,随着消费频率的增加,普通会员的数量一直减少,最大购买频次为 160 次,普通会员在过去一年时间的购买频率极低,多处于 10 次以内,超级会员购买天数的占比相对而言较多。

(二)每月购买习惯的会员人数较少

从购买月数来看,12 个月中每个月均有购买行为的会员人数为 80 人,占会员总人数的 0.73%,其中等级会员 68 人,PLUS 会员 12 人。只有 1 个月有购买行为的会员人数为 6628 人,占会员总人数的 60.31%,其中等级会员人数为 6508 人,占等级会员总人数的 61.72%;PLUS 会员人数为 120 人,占 PLUS 会员总人数的 26.97%。累计 39.69% 的会员在 2 个月及以上有过购买行为,其中等级会员比例为 38.28%,PLUS 会员比例为 73.03%。从会员月数购买行为可知,随着购买月数的增加,会员的数量逐渐降低。绝大部分人的购买频率均较低,只有一个月购买过的会员人数较多,每月均去的人数最少,两类会员总体上都是依次递减的。每个月都有购买行为的会员中,超级会员所占比例在会员比例中相对较高,普通会员的购买频率依然低于超级会员,具体如表 5-4 所示。黔彩连锁便利店以烟酒茶等特色商品为主,一般而言形成购买习惯的忠诚会员应占有较大比例,但从当前数据来看,黔彩连锁便利店对会员忠诚度的培养还需要更有力的管理与营销措施。

表 5-4 会员月数购买行为统计

月数 (个)	等级会员			PLUS 会员			会员总计		
	数量 (人)	占比 (%)	累计占比 (%)	数量 (人)	占比 (%)	累计占比 (%)	数量 (人)	占比 (%)	累计占比 (%)
12	68	0.64	0.64	12	2.70	2.70	80	0.73	0.73
11	65	0.62	1.26	22	4.94	7.64	87	0.79	1.52
10	75	0.71	1.97	16	3.60	11.24	91	0.83	2.35

续表

月数(个)	等级会员 数量(人)	等级会员 占比(%)	等级会员 累计占比(%)	PLUS会员 数量(人)	PLUS会员 占比(%)	PLUS会员 累计占比(%)	会员总计 数量(人)	会员总计 占比(%)	会员总计 累计占比(%)
9	87	0.83	2.80	18	4.04	15.28	105	0.96	3.30
8	143	1.36	4.15	21	4.72	20.00	164	1.49	4.80
7	143	1.36	5.51	22	4.94	24.94	165	1.50	6.30
6	237	2.25	7.76	28	6.29	31.24	265	2.41	8.71
5	324	3.07	10.83	26	5.84	37.08	350	3.19	11.89
4	482	4.57	15.40	37	8.31	45.39	519	4.72	16.62
3	752	7.13	22.53	48	10.79	56.18	800	7.28	23.90
2	1660	15.74	38.28	75	16.85	73.03	1735	15.79	39.69
1	6508	61.72	100.00	120	26.97	100.00	6628	60.31	100.00
总计	10544	100.00		445	100.00		10989	100.00	

（三）睡眠会员占比较高

从最近一次购买来看，在近一个月有过购买行为的会员人数为2383人，占会员总人数的21.69%，其中等级会员2199人，占等级会员总人数的20.86%；PLUS会员184人，占等级会员总人数的41.35%。在近半年有过购买行为的会员人数为5958人，占会员总人数的52.15%，其中等级会员5645人，占等级会员总人数的51.40%；PLUS会员313人，占等级会员总人数的69.89%。近一年无购买行为的会员共有58人，其中等级会员57人，PLUS会员1人。与之相对应的近半年没有购买行为的睡眠会员占比高达47.85%。这部分会员需要通过沟通与交流收集负面反馈信息，找出会员沉睡的原因，从而完善自身的服务和管理并找出营销短板。具体如表5-5所示。

表5-5 会员最近一次购买行为统计

天数（天）	等级会员			PLUS会员			会员总计		
	数量（人）	占比（%）	累计占比（%）	数量（人）	占比（%）	累计占比（%）	数量（人）	占比（%）	累计占比（%）
0~29	2199	20.86	20.86	184	41.35	41.35	2383	21.69	21.69
30~59	952	9.03	29.88	55	12.36	53.71	1007	9.16	30.85
60~89	605	5.74	35.62	31	6.97	60.67	636	5.79	36.64
90~119	662	6.28	41.90	26	5.84	66.52	688	6.26	42.90
120~149	586	5.56	47.46	12	2.70	69.21	598	5.44	48.34
150~179	416	3.95	51.40	3	0.67	69.89	419	3.81	52.15
180~209	225	2.13	53.54	2	0.45	70.34	227	2.07	54.22
210~239	780	7.40	60.94	8	1.80	72.13	788	7.17	61.39
240~269	811	7.69	68.63	3	0.67	72.81	814	7.41	68.80
270~299	1025	9.72	78.35	50	11.24	84.04	1075	9.78	78.58
300~329	640	6.07	84.42	30	6.74	90.79	670	6.10	84.68
330~359	1586	15.04	99.46	40	8.99	99.78	1626	14.80	99.47
360~362	57	0.54	100.00	1	0.22	100.00	58	0.53	100.00
总计	10544	100.00	200.00	445	100.00	200.00	10989	100.00	200.00

三、购买价格

（一）PLUS会员购买价格低，在中间价格消费者数量占比高于等级会员

会员平均购买价格为51元/件，等级会员为53元/件，PLUS会员为44元/件。PLUS会员的平均购买价格低于等级会员。平均购买价格高于50元/件的会员人数占会员总人数的43.71%，其中等级会员占等级会员总人数的43.38%，PLUS会员占PLUS会员总人数的51.46%。购买平均价格高于100元/件的会员人数为

246 人，占会员总人数的 2.24%，其中等级会员 240 人，占等级会员总人数的 2.28%；PLUS 会员 6 人，占 PLUS 会员总人数的 1.35%。平均价格在 30~90 元/件的区间内，PLUS 会员的消费者占比高于等级会员。具体如表 5-6 所示。

表 5-6　会员平均购买价格统计

平均价格 （元/件）	等级会员			PLUS 会员			会员总计		
	数量 （人）	占比 （%）	累计占比 （%）	数量 （人）	占比 （%）	累计占比 （%）	数量 （人）	占比 （%）	累计占比 （%）
≥100	240	2.28	2.28	6	1.35	1.35	246	2.24	2.24
90~100	1727	16.38	18.66	46	10.34	11.69	1773	16.13	18.37
80~90	558	5.29	23.95	42	9.44	21.12	600	5.46	23.83
70~80	568	5.39	29.33	31	6.97	28.09	599	5.45	29.28
60~70	663	6.29	35.62	41	9.21	37.30	704	6.41	35.69
50~60	818	7.76	43.38	63	14.16	51.46	881	8.02	43.71
40~50	832	7.89	51.27	48	10.79	62.25	880	8.01	51.72
30~40	866	8.21	59.48	59	13.26	75.51	925	8.42	60.13
20~30	1678	15.91	75.40	47	10.56	86.07	1725	15.70	75.83
10~20	1864	17.68	93.08	43	9.66	95.73	1907	17.35	93.18
0~10	730	6.92	100.00	19	4.27	100.00	749	6.82	100.00
总计	10544	100.00		445	100.00		10989	100.00	

（二）PLUS 会员最高购买价格明显高于等级会员

由表 5-7 可知，最高购买价格低于 50 元的会员人数为 4544 人，占会员总人数的 41.35%。最高购买价格低于 50 元的等级会员与 PLUS 会员人数分别为 4475 人和 69 人，分别占等级会员与 PLUS 会员总人数的 42.44% 和 15.51%。最高购买价格在 0~100 元的区间的会员大部分是普通会员，PLUS 会员总人数占比低于普通会员。

表5-7 会员最高购买价格统计

价格（元）	等级会员			PLUS 会员			会员总计		
	数量（人）	占比（%）	累计占比（%）	数量（人）	占比（%）	累计占比（%）	数量（人）	占比（%）	累计占比（%）
≥500	108	1.02	1.02	16	3.60	3.60	124	1.13	1.13
450~500	85	0.81	1.83	15	3.37	6.97	100	0.91	2.04
400~450	18	0.17	2.00	2	0.45	7.42	20	0.18	2.22
350~400	26	0.25	2.25		0.00	7.42	26	0.24	2.46
300~350	60	0.57	2.82	9	2.02	9.44	69	0.63	3.08
250~300	13	0.12	2.94	1	0.22	9.66	14	0.13	3.21
200~250	101	0.96	3.90	20	4.49	14.16	121	1.10	4.31
150~200	39	0.37	4.27	8	1.80	15.96	47	0.43	4.74
100~150	3328	31.56	35.83	215	48.31	64.27	3543	32.24	36.98
50~100	2291	21.73	57.56	90	20.22	84.49	2381	21.67	58.65
0~50	4475	42.44	100.00	69	15.51	100.00	4544	41.35	100.00
总计	10544	100.00		445	100.00		10989	100.00	

在产品单价中,最高为3899元,最低为0.5元。会员中有16人最高购买价格为3899元,其中等级会员12人,PLUS会员4人。最高购买价格在100~500元的区间内,PLUS会员总人数占比明显高于普通会员。最高购买价格超过500元的会员人数为124人,占会员总人数1.13%,PLUS会员总人数占比为3.60%,高于等级会员的1.02%。

四、购买单数

在过去一年中,只购买1单的会员人数为1008人,占会员总人数的9%,其中等级会员998人,PLUS会员10人。超过10单的会员人数为4091人,占会员总人数的37.23%,其中等级会员4020人,占等级会员总人数的38.13%;PLUS会员71人,占PLUS会员总人数的15.96%。超过101单的会员人数为1969人,占会员总人数的17.92%,其中等级会员1743人,占等级会员总人数的

16.53%；PLUS 会员 226 人，占 PLUS 会员总人数的 50.79%。具体如表 5-8 所示。

表 5-8 会员购买单数统计

单数 (单)	等级会员			PLUS 会员			会员总计		
	数量 (人)	占比 (%)	累计占比 (%)	数量 (人)	占比 (%)	累计占比 (%)	数量 (人)	占比 (%)	累计占比 (%)
≥101	1743	16.53	16.53	226	50.79	50.79	1969	17.92	17.92
91~100	193	1.83	18.36	7	1.57	52.36	200	1.82	19.74
81~90	143	1.36	19.72	8	1.80	54.16	151	1.37	21.11
71~80	230	2.18	21.90	17	3.82	57.98	247	2.25	23.36
61~70	246	2.33	24.23	9	2.02	60.00	255	2.32	25.68
51~60	366	3.47	27.70	21	4.72	64.72	387	3.52	29.20
41~50	426	4.04	31.74	14	3.15	67.87	440	4.00	33.21
31~40	642	6.09	37.83	23	5.17	73.03	665	6.05	39.26
21~30	812	7.70	45.53	22	4.94	77.98	834	7.59	46.85
11~20	1723	16.34	61.87	27	6.07	84.04	1750	15.93	62.77
1~10	4020	38.13	100.00	71	15.96	100.00	4091	37.23	100.00
总计	10544	100.00		445	100.00		10989	100.00	

五、购买数量

统计周期内，购买产品数量高于 100 件的会员人数为 1969 人，占会员总人数的 17.92%，其中等级会员 1743 人，占等级会员总人数的 16.53%；PLUS 会员 226 人，占 PLUS 会员总人数的 50.79%。购买产品数量低于 10 件的会员人数为 4091 人，占会员总人数的 37.23%，其中等级会员 4020 人，占等级会员总人数的 38.13%；PLUS 会员 71 人，占 PLUS 会员总人数的 15.96%。具体如表 5-9 所示。

表5-9 会员购买商品数量统计

分段数量（件）	等级会员			PLUS会员			会员总计		
	数量（人）	占比（%）	累计占比（%）	数量（人）	占比（%）	累计占比（%）	数量（人）	占比（%）	累计占比（%）
≥101	1743	16.53	16.53	226	50.79	50.79	1969	17.92	17.92
91~100	193	1.83	18.36	7	1.57	52.36	200	1.82	19.74
81~90	143	1.36	19.72	8	1.80	54.16	151	1.37	21.11
71~80	230	2.18	21.90	17	3.82	57.98	247	2.25	23.36
61~70	246	2.33	24.23	9	2.02	60.00	255	2.32	25.68
51~60	366	3.47	27.70	21	4.72	64.72	387	3.52	29.20
41~50	426	4.04	31.74	14	3.15	67.87	440	4.00	33.21
31~40	642	6.09	37.83	23	5.17	73.03	665	6.05	39.26
21~30	812	7.70	45.53	22	4.94	77.98	834	7.59	46.85
11~20	1723	16.34	61.87	27	6.07	84.04	1750	15.93	62.77
1~10	4020	38.13	100.00	71	15.96	100.00	4091	37.23	100.00
总计	10544	100.00		445	100.00		10989	100.00	

六、购买金额

统计周期内，购买产品金额高于10000元的会员人数为1262人，占会员总人数的11.48%，其中等级会员1092人，占等级会员总人数的10.36%；PLUS会员170人，占PLUS会员总人数的38.20%。购买产品金额低于500元的会员人数为4630人，占会员总人数的42.13%，其中等级会员4560人，占等级会员总人数的43.25%；PLUS会员70人，占PLUS会员总人数的15.73%。具体如表5-10所示。

首先从整体分析，由表5-8、表5-9、表5-10的数据可知，两种等级会员的销售金额与下单量和购买量成正比，下单量和购买量高时，购买金额也相应较高。两类会员在大于等于101件和小于20件的两个区间内消费量较多，即两端的销售量较大，中间区间的销售量较小，消费金额也处于两个极端，在两端的消费额高,中间消费额低,这部分有较大的消费潜力可挖掘,通过挖掘其消费倾向提升这些消费者的消费金额和对便利店的利润贡献。

表 5-10 会员购买商品金额统计

购买金额 (元)	等级会员			PLUS 会员			会员总计		
	数量 (人)	占比 (%)	累计占比 (%)	数量 (人)	占比 (%)	累计占比 (%)	数量 (人)	占比 (%)	累计占比 (%)
≥10000	1092	10.36	10.36	170	38.20	38.20	1262	11.48	11.48
9500~10000	99	0.94	11.30	3	0.67	38.88	102	0.93	12.41
9000~9500	41	0.39	11.68	5	1.12	40.00	46	0.42	12.83
8500~9000	36	0.34	12.03	3	0.67	40.67	39	0.35	13.19
8000~8500	78	0.74	12.77	13	2.92	43.60	91	0.83	14.01
7500~8000	46	0.44	13.20	5	1.12	44.72	51	0.46	14.48
7000~7500	67	0.64	13.84	7	1.57	46.29	74	0.67	15.15
6500~7000	64	0.61	14.44	4	0.90	47.19	68	0.62	15.77
6000~6500	137	1.30	15.74	3	0.67	47.87	140	1.27	17.04
5500~6000	90	0.85	16.60	4	0.90	48.76	94	0.86	17.90
5000~5500	95	0.90	18.93	5	1.12	53.03	100	0.91	20.31
4500~5000	246	2.33	21.26	8	1.80	54.83	254	2.31	22.62
4000~4500	142	1.35	22.61	11	2.47	57.30	153	1.39	24.01
3500~4000	270	2.56	25.17	20	4.49	61.80	290	2.64	26.65
3000~3500	244	2.31	27.48	11	2.47	64.27	255	2.32	28.97
2500~3000	659	6.25	33.73	20	4.49	68.76	679	6.18	35.15
2000~2500	388	3.68	37.41	21	4.72	73.48	409	3.72	38.88
1500~2000	885	8.39	45.81	22	4.94	78.43	907	8.25	47.13
1000~1500	1154	10.94	56.75	26	5.84	84.27	1180	10.74	57.87
500~1000	151	1.43	18.03	14	3.15	51.71	165	1.50	19.40
0~500	4560	43.25	100.00	70	15.73	100.00	4630	42.13	100.00
总计	10544	100.00		445	100.00		10989	100.00	

其次大部分普通会员下单量和购买数量较少,单数购买量在 1~20 的区间内。可能由于持卡只能累计积分而无法很快享受到折扣优惠,因此货比三家的消

费者没有表现出特别的忠诚度或者是对品牌的忠诚度。但普通会员中也有近20%的消费者购买量和下单数超过101，消费金额也相应较高，对于这部分有潜力的普通会员，便利店可以针对其消费习惯和偏好采取相对应的营销措施，努力满足此类消费群体的需求。相比较而言，PLUS会员的忠诚度就较高，有一半的会员下单数超过101，这体现了超级会员这一消费群体的质量较高且相对稳定。对于这些高价值高利润的客户，便利店更应创新产品设计并努力提供优质服务，保留核心会员，继续提升粘度，将有限的资源集中在最有价值的消费者（超级会员）群体上面，从而提高超市的营销效率和盈利水平。

七、会员积分

目前积分为0分的会员共计180人，其中等级会员178人，PLUS会员2人。积分高于100000分的会员共计60人，其中等级会员41人，PLUS会员19人。积分高于10000分的会员共计1256人，占会员总人数的11.43%，其中等级会员1085人，占等级会员总人数的10.29%；PLUS会员171人，占PLUS会员总人数的38.43%。等级会员中积分低于1000分的比例占53.27%，PLUS会员中该积分比例为21.12%。具体如表5-11所示。

表5-11 会员积分统计

单数（单）	等级会员			PLUS会员			会员总计		
	数量（人）	占比（%）	累计占比（%）	数量（人）	占比（%）	累计占比（%）	数量（人）	占比（%）	累计占比（%）
>10000	1085	10.29	10.29	171	38.43	38.43	1256	11.43	11.43
9000~10000	118	1.12	11.41	6	1.35	39.78	124	1.13	12.56
8000~8999	129	1.22	12.63	14	3.15	42.92	143	1.30	13.86
7000~7999	133	1.26	13.89	9	2.02	44.94	142	1.29	15.15
6000~6999	209	1.98	15.88	30	6.74	51.69	239	2.17	17.33
5000~5999	257	2.44	18.31	13	2.92	54.61	270	2.46	19.78

续表

单数（单）	等级会员			PLUS会员			会员总计		
	数量（人）	占比（%）	累计占比（%）	数量（人）	占比（%）	累计占比（%）	数量（人）	占比（%）	累计占比（%）
4000~4999	372	3.53	21.84	14	3.15	57.75	386	3.51	23.30
3000~3999	430	4.08	25.92	25	5.62	63.37	455	4.14	27.44
2000~2999	901	8.55	34.47	37	8.31	71.69	938	8.54	35.97
1000~1999	1283	12.17	46.63	32	7.19	78.88	1315	11.97	47.94
0~999	5627	53.37	100.00	94	21.12	100.00	5721	52.06	100.00
总计	10544	100.00		445	100.00		10989	100.00	

第二节 分类别会员购买行为分析

一、分类别商品会员购买数量分析

黔彩连锁便利店产品共分为百货纺织类及小家电、彩票、冲饮、个人清洁、家庭消耗品、家用清洁、酒、粮油、日配（冷冻、冷藏）、特产、鲜食及自制饮品、休闲食品、烟、烟具及烟嘴、饮料及常温液态奶制品15个类别，共计2081个SKU。会员各类别商品购买数量具体如表5-12所示。

（一）会员以购买卷烟和酒类为主

从会员购买商品数量来看，等级会员与PLUS会员在卷烟类商品上的购买数量比例分别为97.56%和96.64%，在所有类别中其比例均占有绝对优势；其次是酒类。烟类产品平均购买3327件/SKU，其中等级会员和PLUS会员分别为2699件/SKU和628件/SKU，在所有类别中最高。从人均购买情况来看，平均购买112.01件/人，其中等级会员和PLUS会员分别为94.71件/人和522.01件/人，在所有类别中最高,PLUS 会员人均购买量远高于等级会员。表明卷烟、酒类是黔彩连锁便利店核心竞争商品,也是吸引消费者的核心商品。

表 5-12 各类别会员商品购买情况

类别	购买数量					平均购买数量 (件/SKU)			平均购买数量 (件/人)		
	总量 (件)	等级会员		PLUS 会员		总量	等级 会员	PLUS 会员	总量	等级 会员	PLUS 会员
		总量 (件)	比例 (%)	总量 (件)	比例 (%)						
百货、纺织类及小家电	321	220	0.02	101	0.04	6	4	2	0.03	0.02	0.23
彩票	700	580	0.06	120	0.05	44	36	8	0.06	0.06	0.27
冲饮	1053	840	0.08	213	0.09	15	12	3	0.10	0.08	0.48
个人清洁	647	461	0.05	186	0.08	7	5	2	0.06	0.04	0.42
家庭消耗品	1389	1049	0.10	340	0.14	28	21	7	0.13	0.10	0.76
家用清洁	916	872	0.09	44	0.02	42	40	2	0.08	0.08	0.10
酒	4098	3341	0.33	757	0.31	49	40	9	0.37	0.32	1.70
粮油	1704	1309	0.13	395	0.16	14	11	3	0.16	0.12	0.89
日配(冷冻、冷藏)	2087	1637	0.16	450	0.19	27	21	6	0.19	0.16	1.01
特产	896	779	0.08	117	0.05	14	12	2	0.08	0.07	0.26
鲜食及自制饮品	161	101	0.01	60	0.02	21	13	8	0.01	0.01	0.13
休闲食品	9970	7384	0.72	2586	1.08	12	9	3	0.91	0.70	5.81
烟	1230886	998592	97.56	232294	96.64	3327	2699	628	112.01	94.71	522.01
烟具及烟嘴	34	32	0.00	2	0.00	17	16	1	0.00	0.00	0.00
饮料及常温液态奶制品	9033	6329	0.62	2704	1.12	36	25	11	0.82	0.60	6.08
总计	1263895	1023526	100	240369	100	607	492	116	115.01	97.07	540.16

(二)非烟商品特色较明显

在非烟类商品中,等级会员购买比例较高的前三类分别是休闲食品、饮料及常温液态奶制品和酒类商品,占比分别为 0.72%、0.62% 和 0.33%;PLUS 会员购买比例较高的前三类分别是饮料及常温液态奶制品、休闲食品和酒类商品,占比分别为 1.12%、1.08% 和 0.31%。由此可见,在非烟类商品中等级会员与 PLUS 会员对饮料及常温液态奶制品、休闲食品和酒类商品三类商品有几乎相同的偏好。

从会员购买的各类商品的 SKU 平均数来看,在等级会员中,除烟类产品外,其次是酒、家用清洁、彩票类平均购买数量较高,分别为 40 件/SKU、40 件/SKU、36 件/SKU。在 PLUS 会员中,除烟类产品外,其次是饮料及常温液态奶制品、酒、鲜食及自制饮品、彩票类商品平均购买数量较高,分别为 11 件/SKU、9 件/SKU、8 件/SKU、8 件/SKU。从会员购买的各类商品的平均数来看,平均每人购买数量为 115.01 件/人,其中等级会员为 97.07 件/人,PLUS 会员为 540.16 件/人,PLUS 会员的购买力相对高于普通会员。在等级会员中,除烟类产品外,其次是休闲食品、饮料及常温液态奶制品、酒平均购买数量较高,分别为 0.70 件/人、0.60 件/人、0.37 件/人。在 PLUS 会员中,除烟类产品外,其次是饮料及常温液态奶制品、休闲食品、酒类商品平均购买数量较高,分别为 6.08 件/人、5.80 件/人、1.70 件/人。

从上述统计数据可以看出,非烟类商品中,饮料及常温液态奶制品、休闲食品和酒类商品是黔彩连锁便利店会员主要购买商品,可通过对这三类商品的 SKU 不断优化,提升会员对这三类非烟商品的购买频次,这对促进卷烟消费有重要的作用。同时,可通过对会员消费倾向的进一步细分,来为消费者创造一些专属的、与众不同的产品,体现出忠诚会员顾客的与众不同,从而实现对会员的精准营销,同时又能增强会员的粘性。

二、分类别商品会员购买单数分析

销售单数是指某段时间的消费者购买商品后形成的销售单据(信息)数量。以统计期内的会员购买单数 106170 单来看,其中等级会员为 88652 单,占总单数的84%；PLUS会员为17518单，占总单数的16%。具体会员购买单数情况如表5-13所示。

表5-13 分类别会员商品购买单数情况

类别	单数（单）			每单数量（件/单）			每单价格（元/单）		
	总数	等级会员	PLUS会员	总数	等级会员	PLUS会员	总数	等级会员	PLUS会员
百货、纺织类及小家电	181	130	51	1.77	1.69	1.98	10.94	10.34	12.48
彩票	395	315	80	1.77	1.84	1.50	16.24	15.42	19.46
冲饮	566	453	113	1.86	1.85	1.88	176.18	179.91	161.21
个人清洁	445	314	131	1.45	1.47	1.42	19.16	17.28	23.66
家庭消耗品	605	495	110	2.30	2.12	3.09	16.82	16.96	16.17
家用清洁	176	155	21	5.20	5.63	2.10	24.79	25.78	17.44
酒	1006	793	213	4.07	4.21	3.55	1112.93	1136.57	1024.90
粮油	985	715	270	1.73	1.83	1.46	10.00	10.86	7.74
日配（冷冻、冷藏）	1405	1087	318	1.49	1.51	1.42	6.43	6.53	6.12
特产	390	331	59	2.30	2.35	1.98	47.15	48.63	38.82
鲜食及自制饮品	73	48	25	2.21	2.10	2.40	29.21	29.24	29.15
休闲食品	6842	4920	1922	1.46	1.50	1.35	9.05	9.29	8.42
烟	87640	74933	12707	14.04	13.33	18.28	718.20	702.92	808.28
烟具及烟嘴	26	24	2	1.31	1.33	1.00	2.96	3.04	2.00
饮料及常温液态奶制品	5435	3939	1496	1.66	1.61	1.81	6.97	6.71	7.66
总计	106170	88652	17518	11.90	11.55	13.72	605.94	606.68	602.21

从总单数来看，等级会员与PLUS会员在烟、休闲食品和饮料及常温液态奶制品类商品购买单数均较多，等级会员分别为74933单、4920单和3939单，PLUS会员分别为12707单、1922单和1496单。

（一）不同类别每单购买数量在两类会员中差异明显

每单购买商品数量平均为11.90件/单，其中等级会员为11.55件/单，PLUS

会员为13.72件/单。在等级会员中，烟、家用清洁、酒平均每单购买数量较高，分别为13.33件/单、5.63件/单、4.21件/单。在PLUS会员中，烟、酒、家庭消耗品平均每单购买数量较高，分别为18.28件/单、3.55件/单、3.09件/单。在百货纺织类及小家电、冲饮、家庭消耗品、鲜食及自制饮品、烟、饮料及常温液态奶制品类别中，PLUS会员每单购买数量高于等级会员，其他类别则相反，在烟、家用清洁类商品中，PLUS会员每单购买数量与等级会员购买数量相差较大。

上述统计数据表明，两类会员购买不同类别的商品在每单购买量上存在差异，可根据会员购买习惯对非烟产品以集中陈列、批量展示、促销折扣等方式促进销售。从短时间的销售单数来看，两类等级会员的消费倾向是一致的，烟、休闲食品和饮料及常温液态奶制品类这种日常生活商品的订购量最多；而保鲜时间较短的鲜食及自制饮品，日常稍耐用的烟具及烟嘴、百货纺织类及小家电、家用清洁类商品的订购量较少，这和这些商品的自身特性相关，所以针对这类商品，便利店可根据消费者的消费习惯定期进行促销活动以提高下单量，特殊购物优惠时段对消费者的影响较大。

（二）PLUS会员平均每单的购买价格低于等级会员

从每单购买价格来看，平均价格为605.94元/单，其中等级会员为606.68元/单，PLUS会员为602.21元/单。在等级会员和PLUS会员中，酒、烟、冲饮类商品平均每单购买价格均较高，其中等级会员分别为1136.57元/单、702.92元/单、179.91元/单，PLUS会员分别为1024.90元/单、808.28元/单、161.21元/单。

上述统计数据表明，PLUS会员平均每单的购买价格低于等级会员。除百货纺织类及小家电、彩票、烟和饮料及常温液态奶制品这四类商品的每单购买价格高于等级会员外，其余商品类别均低于等级会员。

三、分类别商品会员购买金额分析

从分类别商品会员购买金额来看,等级会员销售额占比为84%,PLUS会员销售额占比为16%。分类别会员商品购买金额具体如表5-14所示。

表5-14 分类别会员商品购买金额情况

类别	总数（元）	等级会员		PLUS会员	
		总数（元）	比例（%）	总数（元）	比例（%）
百货、纺织类及小家电	1981	1345	68	637	32
彩票	6415	4858	76	1557	24
冲饮	99718	81501	82	18217	18
个人清洁	8527	5427	64	3100	36
家庭消耗品	10173	8395	83	1778	17
家用清洁	4362	3996	92	366	8
酒	1119603	901298	81	218304	19
粮油	9852	7762	79	2090	21
日配（冷冻、冷藏）	9041	7095	78	1946	22
特产	18387	16097	88	2290	12
鲜食及自制饮品	2132	1403	66	729	34
休闲食品	61908	45716	74	16192	26
烟	62942914	52672049	84	10270865	16
烟具及烟嘴	77	73	95	4	5
饮料及常温液态奶制品	37891	26436	70	11455	30
总计	64332980	53783450	84	10549530	16

从会员购买商品金额来看,等级会员与PLUS会员烟、酒、冲饮类商品的购买金额相对较高,这是因为烟酒类商品的商品单价均较高。两类等级会员在烟具及烟嘴上的购买金额是最少的,这可能与这类商品是经久耐用消耗品有关。

从各类别会员购买金额比例来看,等级会员在各类别商品中购买比例均比PLUS会员高,其中等级会员在烟具及烟嘴、家用清洁、特产类商品上的购买金额占比分别为95%、92%和88%。PLUS会员在个人清洁、鲜食及自制饮品、百货纺织类及小家电类商品上的购买金额比其他类别商品比例高，分别为36%、34%和32%。两类等级会员消费金额较多的商品类别不同，这与表5-12和表5-13的分析相一致，这是由于两类会员倾向的商品类别不同，因此购买量也不同。PLUS会员的购买金额均低于普通会员，这是因为PLUS会员基数少、购买量少，而且其享受到的优惠多。

从购买金额来看，如表5-15所示，平均每个SKU的销售额为30914元。等级会员所购买的商品平均每个SKU的购买金额为25845元，PLUS会员平均每个SKU的购买金额为5069元。具体到各商品类别，等级会员平均每个SKU的购买金额均比PLUS会员高。

表5-15 分类别会员商品平均购买情况

类别	平均购买金额（元/SKU）			平均购买金额（元/人）			平均购买单价（元/件）		
	总数	等级会员	PLUS会员	总数	等级会员	PLUS会员	总数	等级会员	PLUS会员
百货、纺织类及小家电	40	27	13	0.18	0.13	1.43	6.17	6.11	6.30
彩票	401	304	97	0.58	0.46	3.50	9.16	8.38	12.98
冲饮	1445	1181	264	9.07	7.73	40.94	94.70	97.03	85.52
个人清洁	94	60	34	0.78	0.51	6.97	13.18	11.77	16.66
家庭消耗品	203	168	36	0.93	0.80	4.00	7.32	8.00	5.23
家用清洁	198	182	17	0.40	0.38	0.82	4.76	4.58	8.32
酒	13329	10730	2599	101.88	85.48	490.57	273.21	269.77	288.38
粮油	86	68	18	0.90	0.74	4.70	5.78	5.93	5.29
日配（冷冻、冷藏）	116	91	25	0.82	0.67	4.37	4.33	4.33	4.32
特产	279	244	35	1.67	1.53	5.15	20.52	20.66	19.58
鲜食及自制饮品	267	175	91	0.19	0.13	1.64	13.24	13.90	12.15
休闲食品	77	57	20	5.63	4.34	36.39	6.21	6.19	6.26
烟	170116	142357	27759	5727.81	4995.45	23080.59	51.14	52.75	44.21

续表

类别	平均购买金额（元/SKU）			平均购买金额（元/人）			平均购买单价（元/件）		
	总数	等级会员	PLUS会员	总数	等级会员	PLUS会员	总数	等级会员	PLUS会员
烟具及烟嘴	39	37	2	0.01	0.01	0.01	2.26	2.28	2.00
饮料及常温液态奶制品	149	104	45	3.45	2.51	25.74	4.19	4.18	4.24
总计	30914	25845	5069	5854.31	5100.86	23706.81	50.90	52.55	43.89

从平均每人购买金额来看，等级会员为 5100.86 元/人，PLUS 会员为 23706.81 元/人，PLUS 会员各类别商品的平均购买金额均比等级会员高。从平均购买单价来看，等级会员为 52.55 元/件，PLUS 会员为 43.89 元/件，PLUS 会员各类别商品的平均购买单价低于等级会员，两类会员在酒、烟及冲饮方面平均购买单价均比其他类别商品高。

把每件商品平均购买单价与平均每人购买金额结合分析可知，两类会员在酒、烟及冲饮方面平均购买单价和平均购买金额均比其他类别商品高。由表 5-15 可知，PLUS 会员在大部分商品中的平均购买单价低于等级会员，但平均每人购买金额却高于等级会员，充分表明 PLUS 会员的购买力水平明显高于等级会员。PLUS 会员在百货纺织类及小家电、饮料及常温液态奶制品、个人清洁、家用清洁及休闲零食上的平均购买单价高于等级会员。由表 5-12 可知，PLUS 会员在鲜食及自制饮品、百货纺织类及小家电和饮料及常温液态奶制品类商品上的购买数量比其他类别商品比例高，而个人清洁、家用清洁方面的商品的购买量少，商品单价高于等级会员，但购买量仍然较多，这可能与会员具有一定的消费能力和商品的质量有关，会员对生活质量有一定的要求，当然也有可能是这部分商品并没有参与到超级会员的优惠活动当中。所以黔彩新零售便利店应针对超级会员的消费能力和购买数量制定颗粒度更细的营销和管理方案，制定付费会员专属优惠，从而为销量低的商品种类引流。

第三节 分时间会员购买行为分析

一、分月份会员购买行为

(一) 1月单数最高,6月单数最低

从会员月份购买单数来看,1月会员购买单数最多,为21080单,占全年购买单数的19.9%;6月购买单数最少,为6011单,占全年购买单数的5.7%。等级会员1月购买单数为17262单,6月购买单数为4689单。PLUS会员1月购买单数为3818单,4月购买单数为581单。两类会员购买单数最多的月份均是1月。具体如表5-16所示。

表5-16 会员各月购买单数统计

月份	1	2	3	4	5	6	7	8	9	10	11	12
等级会员	17262	5809	9551	5681	6430	4689	5107	6083	6723	6374	6863	8080
	19.5%	6.6%	10.8%	6.4%	7.3%	5.3%	5.8%	6.9%	7.6%	7.2%	7.7%	9.1%
PLUS会员	3818	1213	1770	581	750	1322	1024	978	1331	1362	1738	1631
	21.8%	6.9%	10.1%	3.3%	4.3%	7.5%	5.8%	5.6%	7.6%	7.8%	9.9%	9.3%
总计	21080	7022	11321	6262	7180	6011	6131	7061	8054	7736	8601	9711
	19.9%	6.6%	10.7%	5.9%	6.8%	5.7%	5.8%	6.7%	7.6%	7.3%	8.1%	9.1%

(二) 1月购买金额最高,10月购买金额最低

从购买金额来看,会员共购买64332980元,其中1月购买金额为23891782元,占全年的37%;10月购买金额为1934015元,占全年的3%。等级会员的1月购买金额最高,占全年等级会员购买金额的37%;10月购买金额最低,占全

年等级会员购买金额的 3%。PLUS 会员 1 月购买金额最高，占全年 PLUS 会员购买金额的 39%；6 月购买金额最低，占全年 PLUS 会员购买金额的 2%。具体如表 5-17 和图 5-2 所示。

表 5-17 会员各月购买情况统计

月份	等级会员			PLUS 会员			总计		
	销售额（元）	销售量（件）	平均价格（元/件）	销售额（元）	销售量（件）	平均价格（元/件）	销售额（元）	销售量（件）	平均价格（元/件）
1	19744712	320542	61.60	4147070	80179	51.72	23891782	400721	59.62
2	5082455	87381	58.16	1133103	19386	58.45	6215557	106767	58.22
3	5699353	101683	56.05	1273528	32703	38.94	6972880	134386	51.89
4	4264506	68461	62.29	574775	16921	33.97	4839281	85382	56.68
5	3263239	55469	58.83	427276	8046	53.10	3690515	63515	58.10
6	2016861	36086	55.89	245360	5631	43.57	2262221	41717	54.23
7	1768900	36839	48.02	259267	6075	42.68	2028167	42914	47.26
8	2059017	46725	44.07	443938	9607	46.21	2502955	56332	44.43
9	2505043	65694	38.13	535717	12125	44.18	3040760	77819	39.07
10	1608603	47378	33.95	325412	10279	31.66	1934015	57657	33.54
11	2135900	67325	31.73	566815	20050	28.27	2702715	87375	30.93
12	3634863	89943	40.41	617268	19367	31.87	4252131	109310	38.90
总计	53783450	1023526	52.55	10549530	240369	43.89	64332980	1263895	50.90

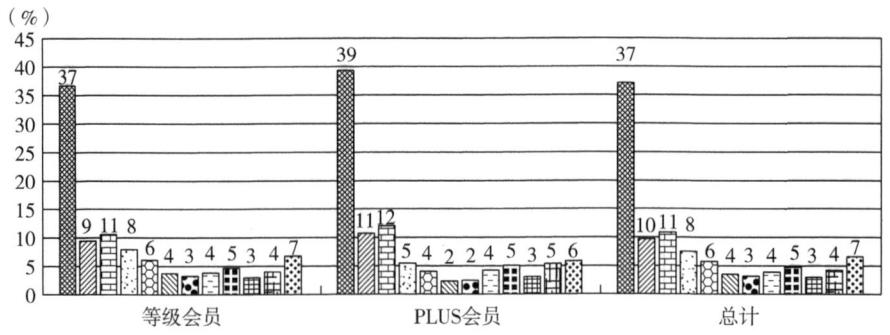

图 5-2 会员各月购买金额总体占比

（三）1月购买量最高，6月购买量最低

从购买数量来看，会员共购买 1263895 件，其中 1 月购买数量最高，共消费商品 400721 件；6 月购买数量最低，共消费商品 41717 件。等级会员 1 月购买数量最高，10 月购买数量最低。PLUS 会员 1 月购买数量最高，6 月购买数量最低。

从平均价格来看，会员购买商品的平均价格为 50.90 元/件，其中 1 月平均价格为 59.62 元/件，在 12 个月中最高；11 月平均价格为 30.93 元/件，在 12 个月中最低。在等级会员中，平均价格为 52.55 元/件，其中 1 月的平均价格最高，为 61.60 元/件；11 月的平均价格最低，为 31.73 元/件。在 PLUS 会员中，平均价格为 43.89 元/件，其中 2 月的平均价格最高，为 58.45 元/件；11 月的平均价格最低，为 28.27 元/件。

从会员各月购买情况可知，1 月两类会员总消费额最高，因为总销售量和平均价格最高，这和表 5-16 中 1 月下单量最高相一致。7 月和 10 月的总销售额占比最低，均为 3%，因为两类会员在这两个月的消费额均相对最低，其中等级会员在这两个月的消费额最低，这是平均价格和消费量均相对较低所导致的；PLUS 会员 7 月的平均价格虽然不是很低，但消费量相对较低，10 月消费量虽然不是很低，但平均价格最低。两类会员 6 月的总消费额也相对最低。

上述统计数据表明，受元旦、春节影响，黔彩连锁便利店的销售额在 1 月达到统计期内的峰值，1 月的销售数量、销售金额、销售单价均为统计期内最高。在带动销售上，元旦、春节明显优于端午、中秋等传统节日。由此提出以下建议：在每年的元旦、春节期间做好会员管理与维护工作，提供时效不同的会员促销活动来提升会员粘性和销售业绩；在 6 月、7 月等销售较为缓慢的淡季，加大非烟产品促销力度，通过薄利多销的形式提升门店流量，从而间接带动高价值商品和主销商品的销售。同时，也可将会员积分兑换时间设定为每年 10 月，以增加门店流量。

二、分时段会员购买行为

从营业时间来看,会员在 9~10 时的购买单数最多,为 9699 单;在 6~7 时的购买单数最少。等级会员在 9~10 时的购买单数最多,PLUS 会员在 12~13 时的购买单数最多。具体如表 5-18 所示。

表 5-18 会员在营业时段购买单数统计

时间(时)	等级会员(单)	PLUS 会员(单)	总计(单)
6	14		14
7	519	113	632
8	4368	895	5263
9	8133	1566	9699
10	7880	1317	9197
11	7736	1651	9387
12	7172	1725	8897
13	8007	1573	9580
14	7888	1610	9498
15	7668	1502	9170
16	7251	1493	8744
17	6329	1265	7594
18	5013	964	5977
19	4881	940	5821
20	3904	548	4452
21	1844	353	2197
22	45	3	48

从各时段会员购买情况来看,如表 5-19 所示,在 14~15 时等级会员与 PLUS 会员购买数量与购买金额在所有营业时段中均为最高,此时正是消费者购物的高峰。从平均价格来看,等级会员在 14~15 时平均价格与 PLUS 会员差距较大,且等级会员在当时的平均价格最高,为 56.76 元/件。在 6 时和 22 时,两类

会员的平均消费量和平均价格最低，且PLUS会员在6时没有任何购买量。

表5-19 会员在各营业时段购买情况统计

时间（时）	等级会员			PLUS会员			总计		
	销售额（元）	销售量（件）	平均价格（元/件）	销售额（元）	销售量（件）	平均价格（元/件）	销售额（元）	销售量（件）	平均价格（元/件）
6	234.5	15	15.63				235	15	15.63
7	85053.2	2019	42.13	10774	424	25.41	95828	2443	39.23
8	1209262	28320	42.70	171942	6183	27.81	1381205	34503	40.03
9	4132860	82128	50.32	698426	19503	35.81	4831286	101631	47.54
10	5609564	102955	54.49	854932	18484	46.25	6464495	121439	53.23
11	5447106	101708	53.56	1203779	24088	49.97	6650885	125796	52.87
12	4481935	89108	50.30	1015749	23048	44.07	5497684	112156	49.02
13	6001956	112284	53.45	1127613	25413	44.37	7129568	137697	51.78
14	6554222	115475	56.76	1250787	28592	43.75	7805009	144067	54.18
15	5847481	107376	54.46	1034980	23699	43.67	6882461	131075	52.51
16	5101202	94536	53.96	868061	22468	38.64	5969262	117004	51.02
17	3401717	65087	52.26	804974	16564	48.60	4206690	81651	51.52
18	2207637	43359	50.92	477352	10165	46.96	2684989	53524	50.16
19	1894627	39948	47.43	348044	8655	40.21	2242671	48603	46.14
20	1306615	27784	47.03	361916	7887	45.89	1668531	35671	46.78
21	491870	11101	44.31	318944	5145	61.99	810814	16246	49.91
22	10110.3	323	31.30	1257	51	24.64	11367	374	30.39
总计	53783450	1023526	52.55	10549530	240369	43.89	64332980	1263895	50.90

由会员在各营业时段购买情况可知，两类会员在9~14时的消费金额和购买量均是一天当中相对较高的，平均价格也相对较高，但两类会员的黄金购买时间有所不同，由于购买产品的差异，平均价格和消费量也各有不同。日常管理中，可根据会员的购买时间偏好合理安排门店人员以及各班组之间交接班时间，加强销售峰值时间段内的商品保障和做好营销活动。

第四节 会员转化率分析

黔彩新零售会员转化率是指有效会员数量与注册会员数量的比值。有效会员是指通过线上或线下连锁店注册会员并产生过实际购买行为的消费者。

新增注册会员数量与有效会员数量波动幅度较大。如表 5-20 所示，16 个月内注册会员平均数量为 2103 人/月，其中 2019 年 4 月达到 7729 人，是统计月份中的最高数量，而 2019 年 6 月只有 231 人，是统计月份中的最低数量，最高值与最低值相差近 34 倍。16 个月内有效会员数量平均为 687 人/月，其中 2019 年 1 月达到 1610 人，为统计月份中的最高值，而 2019 年 6 月只有 89 人，为统计月份中的最低值，最高值与最低值相差近 19 倍。

表 5-20 会员转化率数据

时间	注册会员数量（人）	有效会员数量（人）	会员转化率（%）
2018 年 12 月	1300	1224	94
2019 年 1 月	1768	1610	91
2019 年 2 月	973	485	50
2019 年 3 月	1132	631	56
2019 年 4 月	7729	1062	14
2019 年 5 月	2582	882	34
2019 年 6 月	231	89	39
2019 年 7 月	2705	406	15
2019 年 8 月	3264	628	19
2019 年 9 月	2711	640	24
2019 年 10 月	1856	482	26
2019 年 11 月	1765	635	36
2019 年 12 月	1653	585	35

续表

时间	注册会员数量（人）	有效会员数量（人）	会员转化率（%）
2020年1月	2589	1035	40
2020年2月	492	154	31
2020年3月	898	441	49
合计	33648	10989	33

月度会员转化率不稳定且转化率较低。16个月内的会员转化率均值为33%，其中2019年4月的转化率最低，只有14%。而2018年12月的转化率最高，达到94%。如图5-3所示，会员转化率从2018年12月的94%逐步下降到14%后基本围绕着33%上下波动。

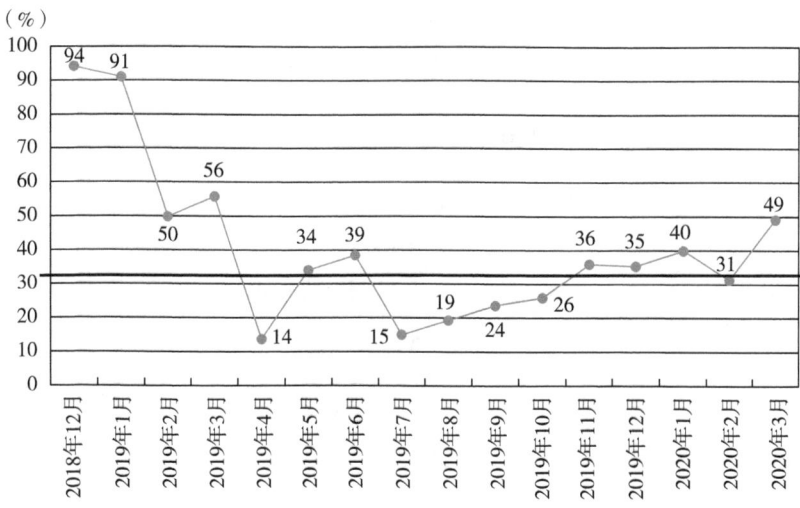

图5-3　会员转化率趋势

上述现象表明当前黔彩新零售会员转换制度不完善，缺乏稳定长期有效的会员粘性与沟通机制，基于上述问题，本书建议建立如下四个机制来完善会员制度：

一是建立有效的会员粘性机制。通过有效的宣传与活动让消费者通过不同的平台注册成为会员，然后要采取措施即时增强会员粘性。如注册后可即时奖励一定的电子代金券促进其进店有效消费。通过成长值与消费值相结合的思路，完善积分及时兑换工作机制。针对能够稳定产生积分且达到一定数量的会员，可通过集中回馈、座谈会议等方式激励其再消费。

二是建立有效的沟通机制。可采取定期电话沟通、短信回访、留言和邮件等方式，这样一方面能有效了解消费者注册会员后无消费的原因，并作出相应的对策；另一方面对提升黔彩品牌知名度有一定的作用。

三是建立黔彩品牌活动机制。通过引入客户关注的高价值、市场紧缺商品，并定期开展优惠促销与专场活动，增加会员的价值获得感，从而提升会员对黔彩品牌的忠诚度。

四是建立会员关怀机制。通过买家惊喜与祝福短信建立有效的关怀机制，提升会员对黔彩品牌的认同感。

第五节　本章小结

本章通过统计一年多的会员消费数据，对会员从商品类别和购买时间两个方面在购买频率、价格、单数、数量、金额及积分等方面进行了消费者行为分析，研究结果表明：黔彩连锁便利店累积的会员积分较高，PLUS 会员与等级会员平均积分差异明显；PLUS 会员的平均购买量、购买金额、最高购买价格比等级会员高，但平均价格低；购买频率低的会员占比高，每月有购买习惯的会员人数也较少。黔彩连锁便利店会员"二八"现象明显，维护好头部会员具有重要作用。卷烟、酒类是黔彩连锁便利店会员核心购买商品，非烟商品特色较明显，不同类别每单购买数量在两类会员中差异明显，PLUS 会员平均每单的购买价格低于等级会员。元旦和春节期间是黔彩连锁便利店会员购买旺季，而6月、7月、10月则是淡季；从具体每天购买时段上看，14~15时是每天的购买高峰期。

每月会员转化率波动幅度较大，表明当前黔彩新零售会员转换制度的不完善，缺乏稳定长期有效的会员粘性与沟通机制，基于上述问题，可以从粘性机制、沟通机制、活动机制、关怀机制四个方面来提升会员转换率。

第六章 黔彩新零售商品销售分析

第一节 黔彩新零售商品销售总体分析

黔彩新零售连锁便利店商品共有 15 个类别，共计 2081 个 SKU。休闲食品类 SKU 数为 807 个，在所有类别中 SKU 数最多，占总 SKU 数的 38.78%。其次是卷烟类，其 SKU 数为 370 个，占总 SKU 数的 17.78%，共有 61 个品牌，具体如表 6-1 所示。

表 6-1 各 SKU 销售情况统计

类别	销售数量		销售额		平均值	
	占比（%）	合计（件）	占比（%）	合计（元）	平均价格（元/件）	平均销售数量（件/SKU）
百货、纺织类及小家电	2.35	321	0.03	1981	6.2	6.6
彩票	0.77	700	0.06	6415	9.2	43.8
冲饮	3.32	1053	0.08	99718	94.7	15.3
个人清洁	4.37	647	0.05	8527	13.2	7.1
家庭消耗品	2.40	1389	0.11	10173	7.3	27.8
家用清洁	1.06	916	0.07	4362	4.8	41.6
酒	4.04	4098	0.32	1119603	273.2	48.8

续表

类别	销售数量 占比（%）	销售数量 合计（件）	销售额 占比（%）	销售额 合计（元）	平均值 平均价格（元/件）	平均值 平均销售数量（件/SKU）
粮油	5.48	1704	0.13	9852	5.8	14.9
日配（冷冻、冷藏）	3.75	2087	0.17	9041	4.3	26.8
特产	3.17	896	0.07	18387	20.5	13.6
鲜食及自制饮品	0.38	161	0.01	2132	13.2	20.1
休闲食品	38.78	9970	0.79	61908	6.2	12.4
烟	17.78	1230886	97.39	62942914	51.1	3326.7
烟具及烟嘴	0.10	34	0.00	77	2.3	17.0
饮料及常温液态奶制品	12.25	9033	0.71	37891	4.2	35.4
总计	100.00	1263895	100.00	64332980	50.9	607.3

黔彩新零售连锁便利店所销售的商品平均价格为50.9元/件，其中酒类商品价格为273.2元/件，在所有类别中平均价格最高；其次是冲饮类商品，平均价格为94.7元/件。卷烟类平均价格为51.1元/件。烟具及烟嘴类商品平均价格为2.3元/件，在所有类别中最低。

平均每个SKU销售量为607.3件，其中卷烟类产品平均每个SKU销售3326.7件，在所有类别中平均销售数量最高，其次便是酒类产品。而百货纺织类及小家电类商品平均每个SKU销售6.6件，在所有类别中平均销售数量最低。

统计期内，黔彩新零售连锁便利店共销售1263895件商品，其中卷烟类商品销售1230886件，占总销售数量的97.39%。黔彩新零售连锁便利店销售额为64332980元，主要来源于卷烟和酒类商品，其中卷烟类商品销售额为62942914元，占总销售额的97.84%；酒类商品销售额为1119603元，占总销售额的1.74%，这主要是由于酒类商品的平均价格最高。销售额占比表明近一年中黔彩新零售连锁便利店的主要利润来源是卷烟和酒类，也表明便利店的这两类商品具有较强竞争性，两类商品的管理及营销策略较好并形成了品牌优势。

第二节 卷烟类商品销售情况分析

卷烟类共有 61 个品牌，370 个 SKU，共计销售 1230886 件，销售金额为 62942914 元。如表 6-2 所示，销售额与销售数量最高的四个品牌分别是贵烟、中华、云烟、白沙，四个品牌累计销售数量占比为 80.7%，销售额累计占比为 87.3%。其中贵烟销售数量占比为 42.1%，而销售额占比为 33.5%，中华、云烟、白沙的销售额占比分别为 17%、15.5% 和 21.3%，均高于其他品牌卷烟销售额占比。销售数量最低的五个品牌分别为都宝、茂大、三峡、龙烟、猴王，销售量分别为 17 件、16 件、15 件、12 件、1 件，表明消费者在众多卷烟类品牌中偏好贵烟。贵烟属于本土化产品，具有独特的价值观和品牌风格，因此贵烟在黔彩便利店的销售量比其他品牌卷烟的高，竞争性更强。

表 6-2 卷烟品牌销售情况统计

品牌	销售数量		销售额	
	占比（%）	累计占比（%）	占比（%）	累计占比（%）
贵烟	42.1	42.1	33.5	33.5
中华	14.7	56.8	17.0	50.5
云烟	12.8	69.6	15.5	66.0
白沙	11.1	80.7	21.3	87.3
黄果树	4.3	85.0	0.6	87.9
玉溪	2.1	87.0	2.3	90.2
南京	1.7	88.7	1.9	92.1
遵义	1.2	89.9	0.1	92.1
黄鹤楼	1.1	91.0	1.2	93.3

续表

品牌	销售数量		销售额	
	占比（%）	累计占比（%）	占比（%）	累计占比（%）
利群	1.0	92.1	0.9	94.2
芙蓉王	0.9	92.9	0.6	94.8
娇子	0.8	93.7	0.7	95.5
大前门	0.8	94.5	0.3	95.8
黄金叶	0.5	95.1	0.6	96.3
钻石	0.4	95.5	0.3	96.7
天子	0.4	95.9	0.2	96.9
冬虫夏草	0.4	96.3	0.5	97.4
黄山	0.3	96.6	0.4	97.7
双喜	0.3	97.0	0.1	97.9
红塔山	0.3	97.3	0.1	97.9
苏烟	0.3	97.5	0.4	98.3
555	0.2	97.7	0.1	98.4
金圣	0.2	98.0	0.2	98.6
七匹狼	0.2	98.2	0.2	98.8
恒大	0.2	98.4	0.3	99.1

从具体卷烟SKU来看，370个SKU中共有13个SKU均只销售1单，分别是黄山（天都）、白沙（硬细支和天下）、钻石（硬一品荷花）、长城（132秘制）、七匹狼（纯境）、利群（钱塘）、娇子（传奇天子）、黄金叶（上河图）、芙蓉王（钻石）、好猫（天赋）、金圣（软滕王阁）、长城（迷你咖啡）、猴王（金），这13个SKU中长城（迷你咖啡）、猴王（金）销售量最低，均为1件。

在销售量方面，贵烟的SKU中，硬黄精品类销售量最高，占总销售量的9.2%，其次分别是贵烟（硬高遵）、贵烟（喜）、中华（双中支）、中华（软），前五个SKU累计占总销售量的31.9%，虽然贵烟（硬黄精品）销售量高于贵烟（硬高遵），但销售额却低于贵烟（硬高遵）。在销售额方面，白沙（和天下）销售额最高，占总销售额的8.6%，其次分别是贵烟（国酒香30）、贵烟（细支国酒香30)、白沙（软和天下）、中华（软），前5个SKU累计占总销售额的37.5%。前26个SKU占卷烟总SKU数的7.03%，但销售量却占总销售量的80%，销售额占总销售额的81.4%。具体如表6-3所示。

表6-3 卷烟SKU销售情况统计

SKU	销售量占比（%）	销售量累计占比（%）	销售额占比（%）	销售额累计占比（%）
贵烟（硬黄精品）	9.2	9.2	2.3	2.3
贵烟（硬高遵）	6.8	15.9	3.4	5.8
贵烟（喜）	5.9	21.8	1.9	7.6
中华（双中支）	5.4	27.3	6.0	13.6
中华（软）	4.7	31.9	6.4	20.0
白沙（和天下）	4.4	36.3	8.6	28.5
贵烟（国酒香30）	4.2	40.5	8.3	36.8
贵烟（细支国酒香30）	4.0	44.6	7.7	44.5
贵烟（福）	3.8	48.4	3.7	48.2
中华（硬）	3.4	51.7	3.0	51.2
白沙（软和天下）	3.3	55.1	6.5	57.7
黄果树（蓝佳品）	2.6	57.7	0.3	58.0
白沙（硬细支和天下）	2.6	60.3	5.1	63.1
云烟（软大重九）	2.6	62.9	5.0	68.1
云烟（中支天眼）	2.1	64.9	2.4	70.6
云烟（细支大重九）	2.1	67.0	4.0	74.6
云烟（紫）	2.0	69.0	0.4	75.0
云烟（9+1大重九）	1.9	71.0	2.0	77.1
贵烟（软高遵）	1.8	72.8	1.3	78.3
贵烟（跨越）	1.6	74.3	0.8	79.1
黄果树（佳遵）	1.2	75.6	0.2	79.3
遵义（软）	1.2	76.8	0.1	79.4
贵烟（萃）	1.1	77.9	0.4	79.8
大前门（短支）	0.8	78.7	0.3	80.1
云烟（软珍品）	0.6	79.3	0.3	80.4
中华（金中支）	0.6	80.0	1.0	81.4

在前10个SKU中,从销售单数来看,贵烟(硬黄精品)的下单量最高,虽然平均每单的数量少,但销售数量是最高的;其次是白沙(和天下),其单数较高,但由于平均每单数量较少,总销售数量也偏低。南京(细支九五)的销售单数和平均每单的数量均最低,总销售数量也最低。从平均每单销售数量来看,最高的是遵义(软),平均为51件/单,但由于销售单数少,总销售数量比较偏低。具体如表6-4所示。

表6-4 卷烟类平均每单数量最高的前10个SKU

SKU	销售单数(单)	销售数量(件)	平均每单数量(件)
遵义(软)	294	15077	51
中华(双中支)	1909	66836	35
贵烟(细支国酒香30)	1578	49394	31
云烟(9+1大重九)	764	23424	31
白沙(软和天下)	1431	41006	29
贵烟(硬黄精品)	4225	112630	27
黄果树(蓝佳品)	1232	32223	26
白沙(和天下)	2069	53872	26
南京(细支九五)	103	2602	25
贵烟(国酒香30)	2073	52284	25

按每天营业时间来看,销售量与销售额基本上呈现正态分布规律,销售额和销售量成正比,在14~15时呈现高峰状态,6~7时最低。具体而言,随着7时黎明的到来和城市的苏醒,卷烟的销售量在逐渐上升,在11时达到上午阶段的最大值,其销售额也先以正的斜率递增,在11时达到最大值后逐渐下降。在下午阶段,从12时逐渐上升,在14时达到一天当中的最大值,之后逐步下降,在22时下降到0,具体如图6-1所示。从平均销售价格来看,与图6-1的销售量相对应,早晚两个时间段的销售量最少,平均销售价格也最低,14时的销售量最高,平均销售价格也最高,具体如图6-2所示。

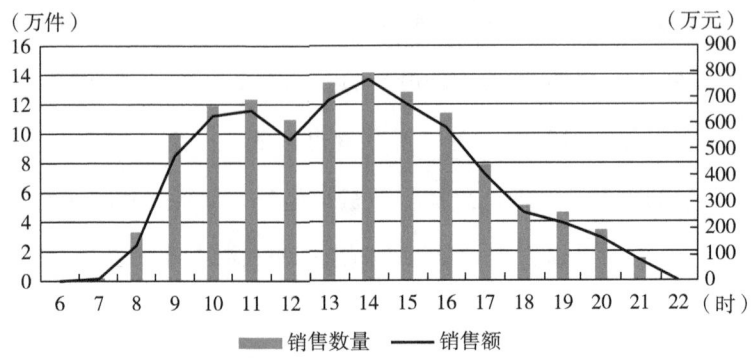

图 6-1 分时段卷烟销售情况分布

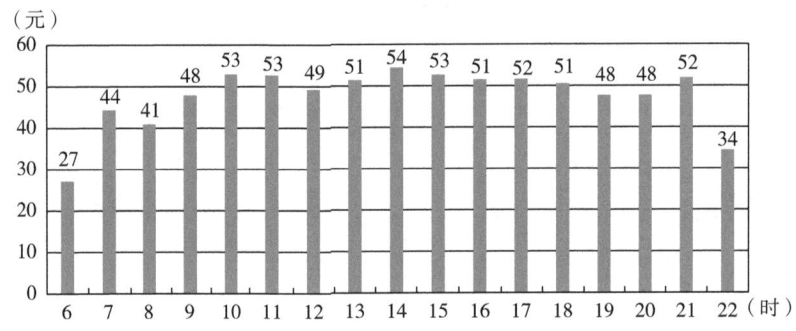

图 6-2 分时段卷烟平均销售价格分布

从每月的销售情况来看，1月销售量与销售额均最高。1月之后销售量逐步递减，在6月达到最低，6月以后销售量与销售额呈现逐步上升状态，具体如图6-3所示。从平均销售价格来看，与图6-1相对应，1月的平均销售价格最高，从5月开始每月平均价格逐步下降，最低为11月，平均价格为30元/件。12月销售数量和销售价格均略微上升，具体如图6-4所示。

从卷烟的购买习惯来看，卷烟共销售87640单，平均每单14.05盒，其中1盒/单的销售单数为29347单，占总单数的33.49%；10盒/单的销售单数为22627单，占总单数的25.82%；20盒/单的销售单数为10383单，占总单数的11.85%。分组统计来看，75%的消费者每次购买1~10盒，每次购买11~20盒的消费者仅有13%，而一次性购买20盒以上的客户更少，具体如图6-5所示。

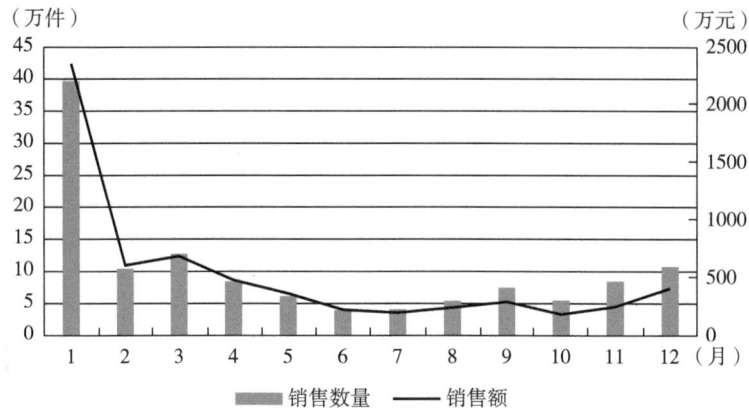

图 6-3 按月份卷烟销售情况分布

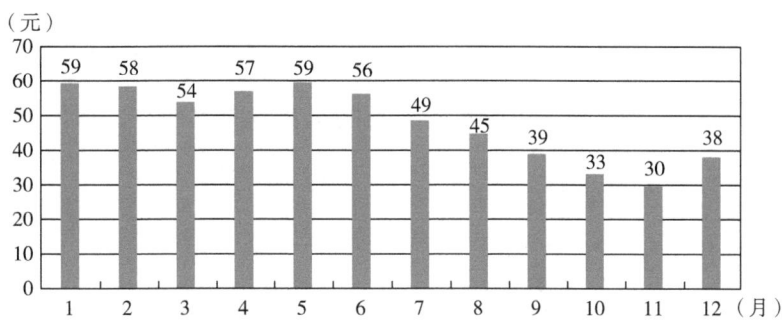

图 6-4 按月份卷烟平均销售价格分布

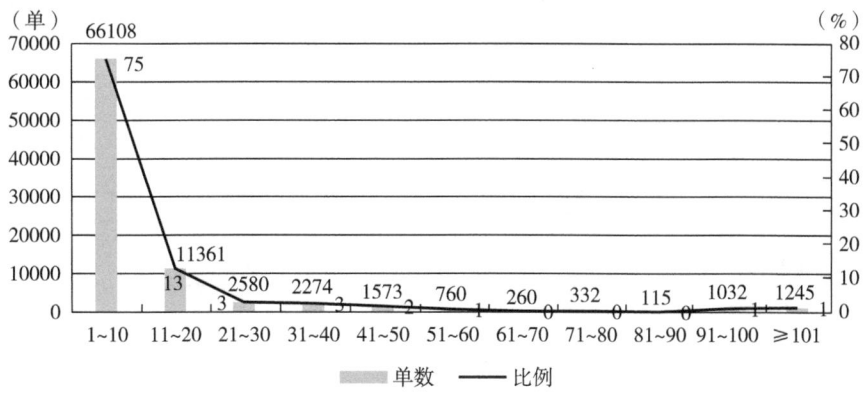

图 6-5 分段每单购买卷烟数量对应单数分布

第三节 酒类商品销售情况分析

酒类商品共计84个SKU,共销售1006单,销售数量4098件,平均每单4.1件商品,平均每个SKU销售48.8件,平均价格为273.2元。从平均每单销售数量来看,啤酒中销量最高的是"乐堡罐装啤酒330ml",销量为24件/单;红酒中销量最高的是"佳沃名门干红",为8件/单;白酒中销量最高的是"习酒君顺",为6件/单。

从销售总单数来看,习酒系列销售单数最多,其中习酒君利的销售量最高,为140单,占总单数的14%,而其他酒类的销售单数均较少,具体如表6-5所示。

表6-5 销售单数累计占80%的酒类商品总单数统计

SKU	单数(单)	占比(%)	累计占比(%)
习酒君利	140	14	14
习酒君顺	115	11	25
习酒君福	91	9	34
银质习酒	65	6	41
雅致版88窖藏习酒	62	6	47
中原菠萝啤	49	5	52
金质习酒	35	3	55
"华食酒坊"酒—瓶	34	3	59
1988窖藏习酒	30	3	62
雪花清爽啤酒330ml	26	3	64
汉酱	24	2	67

续表

SKU	单数（单）	占比（%）	累计占比（%）
雪花勇闯天涯（蓝）330ml	22	2	69
佳沃（圆满）赤霞珠干红	21	2	71
贵州茅台酒（百年金奖辉煌）	21	2	73
乐堡啤酒500ml	20	2	75
茅台王子酒	16	2	77
赖茅（金樽）	14	1	78
1998窖藏习酒（新）	10	1	79
1998窖藏习酒	10	1	80

从销售数量来看，在白酒SKU中，"习酒君顺"销售量最高，占总销售量的17%。在红酒SKU中，"佳沃（圆满）赤霞珠干红"销售量最高，占总销售量的1%。销售量累计占90%的酒类商品中共有20个SKU，其中白酒占12个SKU。具体如表6-6所示。

表6-6 销售数量累计占90%的酒类商品总销售数量统计

SKU	销售数量占比（%）	累计占比（%）
中原菠萝啤	22	22
习酒君顺	17	39
习酒君利	10	49
习酒君福	8	56
雅致版88窖藏习酒	5	62
银质习酒	5	66
雪花清爽啤酒330ml	3	70
"华食酒坊"酒—瓶	3	72
1988窖藏习酒	2	75
乐堡啤酒500ml	2	77
雪花勇闯天涯（蓝）330ml	2	79
茅台王子酒	2	81

· 111 ·

续表

SKU	销售数量占比（%）	累计占比（%）
金质习酒	2	83
汉酱	1	85
比利时福嘉白小麦啤酒330ml/瓶	1	86
贵州茅台酒（百年金奖辉煌）	1	87
佳沃（圆满）赤霞珠干红	1	88
墨西哥科罗娜啤酒330ml/瓶	1	88
赖茅（金樽）	1	89
乐堡罐装啤酒330ml	1	90

从销售额来看，前10个SKU占总销售额的90%，且该10个SKU均为白酒类。具体来看，如表6-7所示，在前10个SKU中，习酒系列的销售额均相对较高，与表6-4、表6-5相对应，其销售单数和销售数量均比其他品牌的酒类高，其中"习酒君顺"销售额是最高的，占比21%，销售数量在白酒中最高，销售单数仅次于习酒君利，所以销售额也最高。其次是"贵州茅台酒（百年金奖辉煌）"，占比15%。

表6-7 销售额累计占90%的酒类商品总销售额统计

SKU	销售额占比（%）	累计占比（%）
习酒君顺	21	21
贵州茅台酒（百年金奖辉煌）	15	37
雅致版88窖藏习酒	14	51
习酒君福	14	64
习酒君利	8	73
1988窖藏习酒	7	80
"华食酒坊"酒—瓶	4	84
银质习酒	2	86
汉酱	2	88
赖茅（金樽）	2	90

在84个SKU中销售单数只有1单的共计21个SKU,其中白酒类有2个SKU,分别是"125ML 劲酒1×24"和"泸州小二曲1×20"。21个SKU中销售只有1件的SKU共有6个。

从月份来看酒类商品销售情况,在销售量方面,3月酒类销售量最高,4月最低。在销售额方面,1月最高,然后逐步递减,6月达到最低,然后逐步回升。在平均销售价格方面,4月价格最高,为475元/件;3月价格为70元/件,在所有月份中平均价格最低。具体如图6-6~图6-8所示。

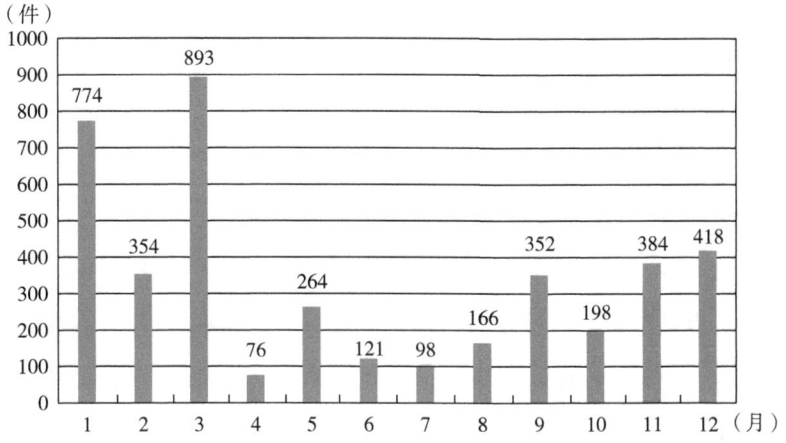

图6-6 按月份酒类商品销售量分布

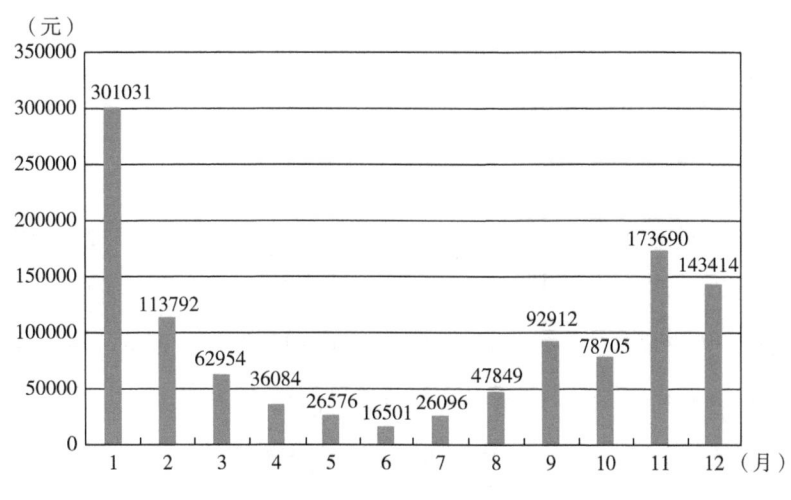

图6-7 按月份酒类商品销售额分布

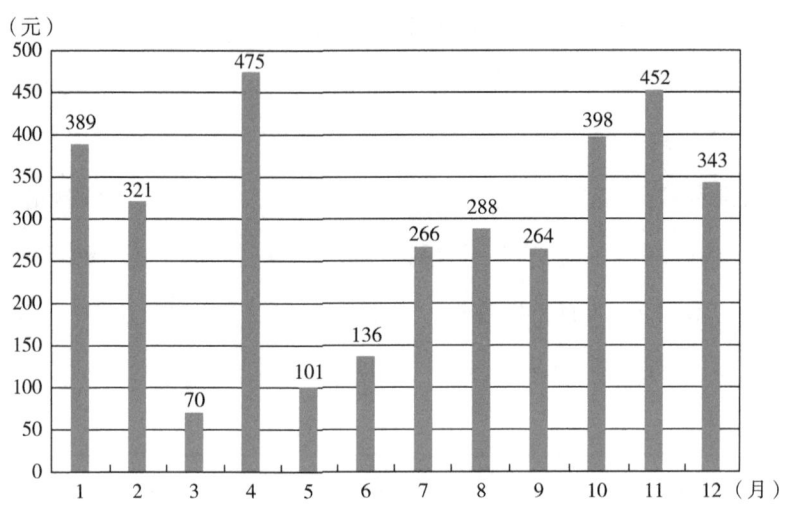

图 6-8 按月份酒类商品平均销售价格分布

综合分析来看，酒类商品在 1 月的销售额最高，因为 1 月临近春节，是白酒销售的旺季，也是白酒价格最高的时段，所以销售额和平均价格均相对较高。而过完节日后会有比较大的降价趋势，所以 2 月平均销售价格、销售量和销售额均较低，3 月的价格达到最低。

从营业时段来看酒类商品销售情况，在销售量和销售额方面，13~14 时酒类销量与销售额最高，7~8 时最低。在平均销售价格方面，7~8 时最低，随后逐步上升，在 11~12 时达到最高，为 555 元/件，之后随时间推移基本呈现下降趋势。具体如图 6-9、图 6-10、图 6-11 所示。

综合分析来看，在上午阶段，7~8 时的销售量和销售额均最低；10~11 时的销售量最高，平均销售价格也偏高，所以销售额最高；11~12 时的平均价格最高，达到一天中最大值，销售量稍微低于 10~11 时的销售量，所以销售额也偏低。在下午阶段，13~14 时是一天中的销售高峰阶段，销售量和销售额最高，之后由于价格基本呈下降趋势，销售额也在逐渐下降。

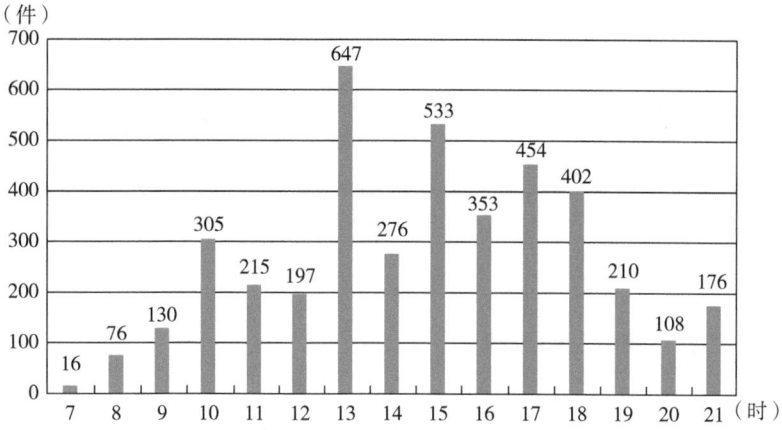

图 6-9　按营业时段酒类商品销售量分布

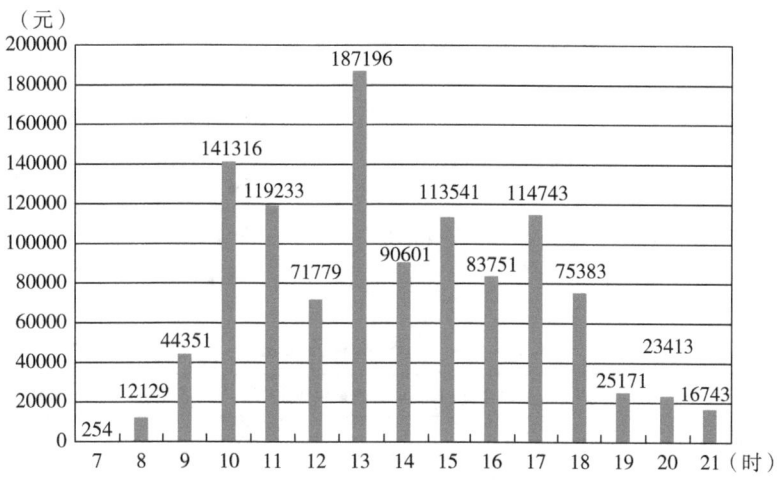

图 6-10　按营业时段酒类商品销售额分布

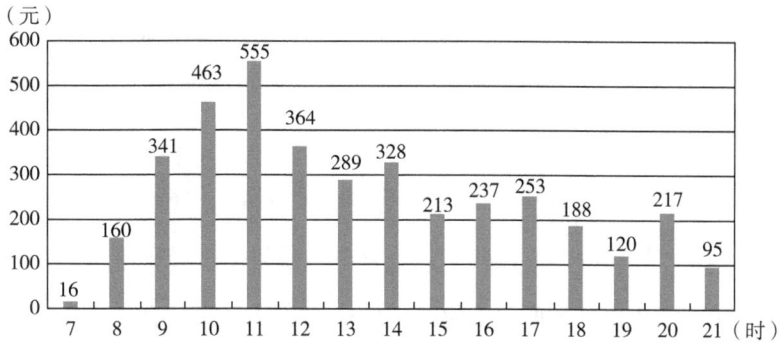

图 6-11　按营业时段酒类商品平均销售价格分布

第四节　分类 ABC 商品管理分析

一、ABC 分类管理法的原理

ABC 分类法（Activity Based Classification），全称应为 ABC 分类库存控制法，是由意大利经济学家维尔弗雷多·帕累托在 1906 年首次提出的。ABC 分类法的主要内容是：在分析事情时，在众多因素中分清主次，找到重点和一般，根据这些分类进行区别管理。ABC 分类法利用数理统计方法，根据影响事物的属性和权重的不同，对各因素进行统计、排列、分类，分别划分为重点、一般、次要，并将它们分别对应归入 A、B、C 三类的管理方法中。具体如表 6-8 所示。

表 6-8　ABC 库存分类法

类别	品种数占全部品种比例（%）	价值占总价值比例（%）
A	5~15	70~80
B	20~30	15~25
C	60~70	5~10

而将 ABC 分类法应用到黔彩新零售连锁便利店的商品管理中，具有如下意义：

单品管理是商品流通顺畅的保证。单品管理的强化使得每一种商品的采购、销售、库存环节有机结合，商品购、销、存的数量得以被准确掌握与控制，为商流的顺畅提供了保证，也为商品的物流、资金流、信息流的有序运行创造了良好的条件。

单品管理是企业获取稳定利润的手段。单品管理突出的是适当减少商品组合深度的品牌商品的管理,通过做大品牌商品销量,提高品牌商品的市场占有率,增强零售企业对品牌商品供应商的控制力,从而获得稳定丰厚的经营利润和通道利润。

单品管理是优化企业商品的途径。通过单品管理有效地淘汰滞销商品及引进有潜力的单品,保证单品线的健康程度。商品群的优化可降低库存,减少资金积压,改善空间利用率,提高品类经营效益,提高消费者满意度及忠诚度。

二、黔彩新零售连锁便利店商品管理现状

黔彩新零售连锁便利店共销售1263895件商品,其中卷烟类商品销售1230886件,占总销售数量的97.39%。黔彩新零售连锁便利店销售额为64332980元,其主要来源是卷烟和酒类商品,其中卷烟类商品销售额为62942914元,占总销售额的97.84%;酒类商品销售额为1119603元,占总销售额的1.74%;其他类商品只占总销售额的0.42%。当前非烟商品按ABC法分类,A类商品SKU占比7%,销售量占比为38%,销售额占比86%,如表6-9所示。过去一年的历史销售数据表明,在非烟类1711个单品中,前7%即50个SKU销售额占比已达到86%。因此,当前ABC分类也存在不合理现象。

表6-9 黔彩连锁便利店当前ABC分类商品销售统计

	A	B	C
SKU占比(%)	7	41	52
销售量占比(%)	38	46	16
销售额占比(%)	86	10	4

黔彩新零售连锁便利店以烟酒为主,为满足消费者多样化需求和提高消费者满意度及忠诚度,商品综合化程度逐步提高,品类涵盖百货纺织类及小家电、彩

票、冲饮、个人清洁、家庭消耗品、家用清洁、粮油、特产、鲜食及自制饮品、休闲食品、饮料及常温液态奶制品等类别,共有2081个SKU,其中烟酒454个SKU,其他类别1627个SKU。商品平均价格为50.9元/件,其中酒类商品平均价格为273.2元/件,冲饮类商品平均价格为94.7元/件。除烟酒外,其他类商品的销售额只占总销售额的0.42%。黔彩新零售连锁便利店平均面积58.3平方米。

从上述现状可以看出,黔彩新零售连锁便利店过度依赖烟酒商品,为促进非烟产品与烟类商品相互带动增长,需要根据历史非烟销售情况对单品进行ABC分类优化。

三、商品ABC分类优化

在有限的空间下,根据上述分析情况,建议将烟酒按销售额进行ABC分类,其他商品按销售数量进行ABC分类,这样做的主要目的是,通过这种优化管理适当地增加非烟酒类商品交易数量,利用宣传的优势不断提高消费者的购买欲望,激发冲动购买率,从而得到一举两得的效果,既吸引流量又增加消费者购买烟酒的机会,进一步提升销售额。

(一)主力商品分析

贡献80%销售额的24个卷烟单品是卷烟核心产品,贡献80%销售额的12个酒类单品是核心产品。这部分经营商品是企业利润的来源。企业的工作重心是培植主力商品。单品管理的基本思路是突出品牌,增加利润,促使销售额和利润向少数品种集中。以单品管理为基础的A类商品管理,通过做大少数供应商品牌产品销量,提高对供应商的控制力,提高品牌商品的市场占有率,能共享供应商节省的促销费用、大批量采购的价格折扣,实现企业利润最大化。由于品项和供应商减少,连锁便利店采购部采购谈判的差旅费等交易成本可大幅度下降,运输费用、库存费用等物流成本也可大幅度降低,促销人员能集中精力做好主力商品的销售促进工作,使经营费用、管理费用有所降低。

（二）满足消费者多元化选择商品分析

除烟酒以外的其他类商品虽然创造的销售额较低，或者利润较低，但还是黔彩新零售便利店吸引消费者所需要经营的辅助商品。从单品管理的要求看，品种齐全强调的是不同用途、功能的商品种类应尽可能齐全，商品组合的广度要适当宽，综合化程度可适当高，以满足消费者多样化需求，进而提高消费者满意度及忠诚度。与商场、超市等大卖场不同，"黔彩连锁"的品种齐全不是强调同类商品中不同品牌、品种、规格的齐全，商品组合的深度不宜太深，专业化程度不宜太强，否则会造成以下困难：消费者面对货架上相同用途的众多不同品牌、规格的商品难以选择，增加消费者的购物时间；在经营品项总数和卖场空间一定的条件下，商品组合的深度大，组合的广度就相对小，有限卖场空间的效率发挥就不是很理想；销售额在品牌上的分散，导致黔彩新零售做不大供应商品牌产品销量，使连锁便利店对供应商缺乏影响力，同时也不利于实现资源配置效率的最大化。

（三）淘汰商品分析

统计期内，212 个单品销售 1 件，163 个单品销售 2 件，占总单品数的 13%，这部分商品的库存、资金造成资源的浪费，应淘汰销售量比重最少的 212 个单品。在 1527 个非烟酒 SKU 中，前 530 个 SKU 占非烟酒总销售量的 80%，前 784 个 SKU 占非烟酒总销售量的 90%。在非烟酒商品中发扬"主力单品概念"，引进有潜力的单品，提高单品的健康程度，以最有效的单品数产出最大的经营效益。

第五节　黔彩新零售品牌培育分析

2018 年全国烟草工作会议提出，服从和服务于振兴民族品牌的大局，就是要坚持中式卷烟发展方向，坚定实施"大品牌、大市场、大企业"发展战略，持续增强民族卷烟品牌创新力、影响力、竞争力，牢牢占据国内市场，稳步拓展国际市场，不断打造中式卷烟品牌发展新优势、培育发展新动能，努力打造全球领先品牌。在做细品牌培育上，充分参考消费行为数据，依规合理利用互联网移动平台开展定向营销宣传，进行有针对性的市场监测，及时调整策略，提高新品培育成功率。突出品牌培育功能坚持以卷烟营销部门为桥梁，搭建工业企业、零售终端与消费者之间的互动平台，整合多元化企业所属直营终端在信息平台建设、资源支持等方面的优势，发挥直营终端"三个基地""六大功能"在卷烟营销网络中的示范引领作用，调动工业企业参与终端营销的积极性。

一、卷烟品牌培育体系设计的原则及框架

（一）卷烟品牌培育体系设计原则

把握宏观，认清形势。紧密结合国家局"大品牌、大市场、大企业"发展战略，认真落实"品牌要做大、规格要做精、价格要上扬"工作要求，把保护好、培育好、发展好重点品牌摆在行业发展的突出位置，在中高端卷烟形成"136"品牌规模、"345"品牌效益，促进行业重点品牌持续健康发展，充分发挥重点品牌支撑作用。

满足需求，效益优先。卷烟品牌规划要尊重贵州省卷烟市场实际需求，贯彻落实供给侧结构性改革，积极主动引导市场，创造需求，在满足需求的基础上努力实现经营效益最大化，逐步淘汰成本高、效益差的品牌。

突出重点，供需稳定。及时把握工业企业发展卷烟品牌的方向，品牌的选择、评价、培育需遵循科学的方法步骤，按照总量控制、稍紧平衡、增速合理、贵在持续的方针，稳健推动品牌成长。

顺应趋势，动态升级。当前卷烟消费档次正在逐步升级，在进行品牌规划时要把握消费变化趋势，既不简单地减少低端卷烟品牌供给，也不过多地依赖高价位卷烟规模，要有步骤地、适当地拉升品牌结构。

合理布局，细化实施。既要保证每个零售价区都有一定数量的主销牌号，使品牌宽度相对合理，降低经营风险，又要避免同一价区的品牌规格过多，过度竞争，建立完善以省为单位的统一调控机制，对不同的卷烟品牌、不同的辖区市场采取不同的营销措施，有效避免资源浪费。

（二）卷烟品牌培育体系框架

全省卷烟消费市场调研。从消费者和客户两个渠道展开对贵州省辖区市场的调研，通过调研和直采等方式，了解消费者和客户的真实需求，掌握各品牌在市场上的表现力，打牢品牌培育基础。

品牌培育组织保障。有效的组织机构、强有力的领导支持、充足的经费保障是品牌培育工作顺利开展的前提。

品牌引进与退出管理。对卷烟品牌实行科学的引进与退出管理，是品牌培育能否成功的保障。

品牌培育方案。制订省级系统性品牌培育方案，保证品牌培育工作按计划、有步骤、有效果地实施，避免无效竞争。

品牌培育方案实施与考核。为保证品牌培育方案达到预期效果，必须加强过程监控，考核到位。

品牌培育效果评价。对品牌培育方案进行效果评价，及时总结分析，持续改进，这是品牌培育工作的必要环节。

二、卷烟品牌培育体系

（一）卷烟品牌市场竞争特点

贵州省贵烟主导市场，中华、云烟、白沙发展势头迅猛。黔彩零售连锁便利店卷烟类销售数据如表6-10所示。具体数据分析见本章第二节，这里不再赘述。贵烟作为贵州省卷烟市场的主导品牌，成长较快且价格稳定，具有成长为行业主流大品牌的优势，符合品牌培育规划和方向。中华、云烟、白沙在目前的市场环境下表现出较强的竞争力,并在较大的程度上满足了卷烟消费者的需求。

表 6-10 卷烟品牌销售情况统计

品牌	销售数量			销售额		
	总计（件）	占比（%）	累计占比（%）	总计（元）	占比（%）	累计占比（%）
贵烟	518365	42.1	42.1	21081216	33.5	33.5
中华	180658	14.7	56.8	10729325	17.0	50.5
云烟	157905	12.8	69.6	9736909	15.5	66.0
白沙	136451	11.1	80.7	13408740	21.3	87.3
黄果树	52697	4.3	85.0	373166.5	0.6	87.9
玉溪	25340	2.1	87.0	1431338	2.3	90.2
南京	20607	1.7	88.7	1184994	1.9	92.1
遵义	15077	1.2	89.9	45231	0.1	92.1
黄鹤楼	13729	1.1	91.1	742949	1.2	93.3
利群	12619	1.0	92.1	568126	0.9	94.2
芙蓉王	10508	0.9	92.9	358794	0.6	94.8
娇子	9840	0.8	93.7	445417.5	0.7	95.5
大前门	9821	0.8	94.5	176778	0.3	95.8
黄金叶	6597	0.5	95.1	350493	0.6	96.3
钻石	5181	0.4	95.5	203246.5	0.3	96.7
天子	5149	0.4	95.9	146731	0.2	96.9
冬虫夏草	4479	0.4	96.3	318900	0.5	97.4
黄山	4284	0.3	96.6	220907	0.4	97.7
双喜	4153	0.3	97.0	77361	0.1	97.9
红塔山	3587	0.3	97.3	37627.5	0.1	97.9
苏烟	3211	0.3	97.5	255970	0.4	98.3
555	2914	0.2	97.7	54735	0.1	98.4
金圣	2678	0.2	98.0	105369	0.2	98.6
七匹狼	2639	0.2	98.2	139675.5	0.2	98.8
恒大	2434	0.2	98.4	191200	0.3	99.1

适度对品牌进行格局调整。贵烟品牌的发展离不开省外市场拓展，省内市场在稳定其份额的同时，需重点在提升品牌价值、传播品牌文化、助推消费升级上下功夫，除此之外，还应按照市场化改革的要求，适度引进省外表现好的、具有成长性的产品予以补充，让卷烟产品有序竞争，满足消费者多维需求。从目前现状来看，云产烟、湘产烟、浙产烟等品牌市场反映良好，应加大培育力度。

按照消费需求、市场供给等综合因素，对不同品类的卷烟市场表现进行综合判定，将其分为依存性品牌、重点性品牌、补充性品牌。依存性品牌是目前市场中占据主导的品牌，在各品类中拥有绝对数量的卷烟消费者，对市场有着决定性的影响，直接涉及消费者和零售商的利益，保证它的稳定对市场起着至关重要的作用。重点性品牌在市场上已经具有一定的地位，并且有向上冲击的潜力，在依存性品牌供给量不足的情况下，要依靠重点性品牌对市场进行保障。补充性品牌的配置既能繁荣市场、促进竞争，也可以作为后备品牌在市场发生变化的时候及时调整。所以要注重对这三种类型品牌的监测，及时掌握市场情况。

（二）品牌发展规划

贵州省卷烟市场用 4~5 年的时间，形成"1+5+X"的品牌发展格局。省内烟主要以培育贵烟二类、普一类和高价位品规三大系列为重点，省外烟重点培育中华、云烟、白沙、玉溪、南京、利群六大系列品规，根据市场表现动态将发展势头强劲的品牌向重点性、依存性转变。

（三）品牌培育工作组织保障

为保证卷烟品牌培育工作的顺利开展，需建立科学、严密的品牌培育"决策、管理、执行"三级工作体系。

品牌管理委员会。领导品牌促销管理办公室开展工作，负责品牌决策、管理和协调等工作，包括对品牌引进、品牌投放、品牌促销、品牌退出等工作进行战略决策，对品牌培育工作负总责，是品牌培育的决策层，管理委员会逐渐由市州级为主向省级为主转变。

品牌管理办公室。在品牌管理委员会的领导下开展工作,指导品牌培育工作组开展工作,负责全省的品牌促销调研、促销策划、促销部署、促销监督、促销检查考核、促销评比等工作,对品牌管理委员会负责,是品牌培育的策划管理层。

品牌培育工作组。在品牌管理办公室的领导下开展工作,负责品牌培育方案的执行、效果跟踪、总结分析、提出改进建议等工作,对品牌促销管理办公室负责,是品牌培育执行层。县级市场应设置品牌培育专员从事此工作,解决客户经理无法解决的困难。

(四)品牌引进及退出管理

(1)品牌引进。品牌引进是进行品牌管理的首要环节,也是品牌是否能立足市场的基础,既要购进动销适宜的品规,更要做到引入品牌符合发展规划。

(2)品牌退出。依据市场实际销售情况与对市场的预测,每半年明确一次品牌规格定位,采取末位淘汰法,逐步减少和置换滞销的品牌规格。

三、卷烟品牌培育方案

为保证品牌培育工作有目标、有计划、有效果地开展,需制订年度卷烟品牌培育方案,包括培育品牌目录、品牌培育措施、计划安排等。

卷烟培育品牌目录。根据全年货源购进情况,结合全省卷烟市场实际需求、消费结构、特点和企业发展需要,指导制定卷烟培育品牌方案。各市州区域连锁门店在指定的品牌目录范围内,结合辖区卷烟销售情况,选择"依存品牌"和"重点品牌"作为日常维护、主动推荐的重点。品牌培育层次划分标准如表6-11所示。

品牌培育措施。由公司品牌管理办公室制订出黔彩零售系统的品牌培育措施,主要包括新品上市推荐、日常终端维护、站柜促销、对零售环节的激励、对消费终端的拉动、工商协同推广等形式。

表 6-11　品牌培育层次划分标准

层次	标准	特点	培育重点
依存品牌	品牌成熟、市场占有率很高、利润主要来源、销售在同类产品中排前列	低增长/强竞争地位	重点培育,注重品牌形象的维护,加强终端陈列
重点品牌	进入每类产品前十名,正在扩大市场覆盖面和销量的品牌,可形成对主导性品牌的竞争态势,具有较强的替换性,以及经论证后确定有培养前途的新入品牌	高增长/较强竞争地位	重点培育,注重形象宣传,加强陈列上柜,建立重点消费者档案,适时进行促销
补充品牌	已进入市场半年或一年,销量在每类排名最后两位的品牌	低增长/弱竞争地位	不做推广培育

新品上市推荐应遵循"定点定量"的原则,选择与新品牌相适应的客户,定点控量投放。黔彩新零售可适时开展新品上市宣传活动,及时收集新品销售信息及客户评价,如召开评"吸"会、开展专题站柜宣传、选择目标消费者寄送样品烟等,并维护价格稳定。

工商协同营销应遵循"资源共享"的原则,充分整合工商双方的资源及人员力量,通过品牌理念、促销物资、推广手段,协同开展品牌推广活动。

四、卷烟品牌培育方案实施与考核

(1) 过程控制。方案实施的过程控制包括人员管理、效果跟踪、信息收集、促销总结以及风险管控等方面的内容。

(2) 费用控制。应按照统一管理、全程控制的原则加强对促销物资及经费的管理,规范促销物资及经费的使用,充分发挥促销物资及经费在培育品牌方面的作用。

(3) 品牌培育方案效果评价。品牌培育方案效果评价包括两个方面:一是定性分析,二是定量分析。

定性分析。定性分析主要采取电话抽查及调查问卷的形式,对零售户和消费者分别展开调查。调查时间为活动中、活动后。调查项目主要包括活动知晓度、对方案奖励措施是否感兴趣、活动是否促进销量、促销物品是否到位、对连锁便利店及烟草公司有何建议等。对消费者采取随机调查,主要是在追场站柜宣传时进行调查,或通过对重点消费者进行电话调查,通过微信公众号建立长效跟踪是互联网时代下一种有效的实践。调查项目主要包括活动知晓度、对方案奖励措施是否感兴趣、对活动品牌是否感兴趣、是否进行了购买及购买数量、对烟草公司有何建议等。

定量分析。定量分析指标如表6-12所示。指标评价既包括与上年同期的纵向对比,也包括全省门店之间的横向比较。

表6-12 品牌评估指标的计算方法

指标	计算方法
市场覆盖率	市场覆盖率=本企业产品投放地区数/全市场应销售地区×100%
市场占有增长率	[上半年(全年)销售量(额)在目标市场所占比重-同期目标市场所占比重]/同期目标市场所占比重
销售量增长率	(上半年(全年)销售量-同期销售量)/同期销售量×100%
单箱收入水平	目标品牌规格总收入/销售箱数
单箱利税水平	目标品牌规格总利税/销售箱数
计划销售量完成率	目标品牌规格计划销售量/实际销售量×100%
成本费用利润率	目标品牌规格销售总额-销售品牌规格的(成本+费用)/销售总量
产品零售毛利率	目标品牌规格毛利/营业收入×100%=(主营业务收入-主营业务成本)/主营业务收入×100%
品牌规格订货满足率	商业公司实际派送量/实际订货量

第六节 本章小结

本章对一定时期内黔彩连锁便利店商品的销售数据做了统计,首先对各商品类别的 SKU 数量、销售数量、销售额、平均价格及销售数量进行了分析,卷烟是黔彩连锁便利店的重要收入来源,在所有类别中其销售量与销售额远高于其他类别商品,其次是酒类商品。通过对卷烟和酒类商品进行重点分析,根据黔彩连锁便利店 ABC 分类管理的现状,对商品进行了 ABC 分类优化研究,提出对烟酒类商品按销售额进行 ABC 分类,对非烟酒类商品按销售量进行 ABC 分类优化的办法,通过这种优化管理可增加非烟类商品交易数量,既吸引流量又增加消费者购买烟酒的机会,从而进一步提升卷烟销售额。在上述对品牌及 SKU 的分析基础上,按照增强品牌集中度的思路,进一步对黔彩新零售品牌培育进行了分析。

第七章 黔彩新零售连锁便利店分析

第一节 黔彩新零售连锁便利店概况

黔彩新零售连锁便利店共有黔彩便利店、黔彩精品店、黔彩专柜三个类型，商圈包括办公、旅游、商业、医院、住宅，平均每个门店面积为58.3平方米。从类型来看，黔彩便利店门店数量最高，总计26个门店；其次是黔彩专柜，有32个门店。从区域来看，黔彩新零售连锁便利店主要分布在贵州省贵阳市，有36个门店；其次是遵义市，有15个门店。具体如表7-1所示。

表7-1 不同类型与地区黔彩新零售连锁便利店门店数量分布

类型	安顺	毕节	贵阳	六盘水	黔东南	黔南	铜仁	遵义	总计
黔彩便利店	2	3	10	3	2		1	5	26
黔彩精品店	1	1	7	1		2		4	16
黔彩专柜	1	2	19	1	1	2		6	32
总计	4	6	36	5	3	4	1	15	74

从成本与销售额来看，平均各门店成本23.5万元/年，其中杂费0.3万元/年，物业成本9.8万元/年，人工成本13.4万元/年，年销售额183.7万元/年，

日均单数为 45.7 单。

第二节 黔彩新零售连锁便利店成本与销售分析

一、不同类型

黔彩新零售连锁便利店的五个类型中，商超平均每店年销售额为 222.9 万元，在所有类型中最高；黔彩专柜平均每店年销售额为 131.6 万元，在所有类型中最低。在成本方面，黔彩精品店的年平均每店成本为 16.9 万元，在所有类型中最低；商超的年平均每店成本为 29.3 万元，在所有类型中最高。在所有类型的门店中，黔彩便利店的日均每店客单数最高，达到 56.5 单，而自营店的日均每店客单数为 26.3 单。具体如表 7-2 所示。

表 7-2 不同类型黔彩新零售连锁便利店平均每店成本与销售统计

类型	成本合计（万元）	杂费（万元）	物业成本（万元）	人工成本（万元）	门店面积（平方米）	年销售额（万元）	日均客单数（单）
黔彩便利店	20.8	0.3	6.6	13.8	94.1	161.4	56.5
黔彩精品店	16.9	0.3	3.9	12.7	95.5	206.3	29.7
黔彩专柜	27.1	0.3	14.2	12.5	17.4	131.6	33.8
商超	29.3	0.3	14.8	14.2	19.0	222.9	50.4
自营店	17.4	0.3	5.3	11.8	75.9	182.8	26.3
总计	23.5	0.3	9.8	13.4	58.3	183.7	45.7

综合分析来看，商超在几种类型中年销售额最高，商超的店面较多，有 24 个，分布于八个区域。黔彩精品店的销售额也相对较高，虽然店面最少，只有三

个门店,但销售额仅次于商超,由此可以看出精品店的发展极具潜力。黔彩专柜平均每店年销售额为131.6万元,在所有类型中最低,商超平均年销售额为黔彩专柜的1.7倍,主要原因在于黔彩专柜的店面较少,远远低于商超的门店,且其成本相对很高。自营店的年销售额稍微高于黔彩专柜,首先是其门店数量就高于黔彩专柜,且分布在4个区域中,覆盖面相对更广;其次是自营店总成本低于黔彩专柜。

二、不同区域

从黔彩新零售连锁便利店所处的区域分析,贵阳的年销售额最高,为每店237.5万元,安顺的年销售额最低,仅有每店99.9万元;在成本方面,贵阳市的总成本较高,为每店26万元/年,六盘水总成本最低,为每店17万元/年;在日均客单数方面,贵阳最高,达到每店55单,而遵义最低,为每店30.1单。具体如表7-3所示。

表7-3 不同地区黔彩新零售连锁便利店平均每店成本与销售统计

地区	成本合计（万元）	杂费（万元）	物业成本（万元）	人工成本（万元）	门店面积（平方米）	年销售额（万元）	日均客单数（单）
安顺	20.0	0.3	5.5	14.2	85.5	99.9	33.6
毕节	25.6	0.3	9.7	15.6	47.8	132.3	51.6
贵阳	26.0	0.3	12.1	13.6	56.7	237.5	55.0
六盘水	17.0	0.3	3.4	13.3	67.0	141.4	44.7
遵义	22.6	0.3	10.2	12.1	59.8	117.9	30.1
铜仁	17.8	0.3	3.4	14.2	65.7	189.6	45.4
黔东南	17.4	0.3	4.4	12.7	62.2	120.7	34.7
黔南	18.5	0.3	5.2	13.1	40.8	205.6	32.6
总计	23.5	0.3	9.8	13.4	58.3	183.7	45.7

综合分析来看,贵阳市区的平均每店销售额最高,其成本也是几个市区中最高的。遵义的门店有15个,仅次于贵阳,但每店年销售额却较低,主要因为日

均客单数在各区域中最少,客户需求量小。虽然铜仁仅有一个黔彩便利店,但由于日均客单数较高,因此年销售额也相对很高,仅次于贵阳和黔南地区。安顺的门店有四个,高于铜仁,但平均每店年销售额最低,远远低于铜仁,主要是因为安顺日均客单数较低。

三、不同商圈

从黔彩新零售连锁便利店所处的商圈分析,在旅游住宅区的便利店年销售额最高,平均每店为240.1万元/年;其次是商业医院区,平均每店为214.5万元/年;学校住宅区销售额最低,平均每店为157万元/年。从成本方面来看,商业旅游区的成本最高,平均每店为35.7万元/年;其次是旅游住宅区成本,平均每店为28.1万元/年,即黔彩新零售连锁便利店在旅游区的总成本最高,而在商业医院的成本最低,平均每店为11万元/年。从日均客单数方面来看,旅游住宅的客单数平均每店最高,为56.9单;其次是商业住宅区,平均每店为47.7单,而商业医院区的日均客单数最少,平均每店为18.7单。具体如表7-4所示。

表7-4 不同商圈黔彩新零售连锁便利店平均每店成本与销售统计

商圈	成本合计(万元)	杂费(万元)	物业成本(万元)	人工成本(万元)	门店面积(平方米)	年销售额(万元)	日均客单数(单)
办公住宅	15.2	0.3	2.9	12.0	97.3	206.8	38.9
旅游住宅	28.1	0.3	12.2	15.6	70.0	240.1	56.9
商业办公	18.9	0.3	4.4	14.2	68.7	173.3	28.0
商业公交	16.0	0.3	1.5	14.2	32.0	172.2	28.7
商业旅游	35.7	0.3	23.4	12.0	79.7	166.5	43.6
商业学校	26.7	0.3	12.3	14.2	71.0	160.1	40.8
商业医院	11.0	0.3	0.9	9.8	151.0	214.5	18.7
商业住宅	23.3	0.3	9.5	13.4	53.0	184.5	47.7
学校住宅	20.6	0.3	7.2	13.1	45.7	157.0	43.7
总计	23.5	0.3	9.8	13.4	58.3	183.7	45.7

四、不同区域不同类型

从黔彩新零售连锁便利店的所处区域和类型分析来看,贵阳的黔彩精品店销售额最高,平均每店为450.7万元/年;其次是贵阳的商超,销售额平均每店为319.2万元/年;而安顺的黔彩精品店销售额最低,平均每店为52万元/年;遵义的黔彩专柜平均每店为59万元/年。从成本方面来看,贵阳的商超成本最高,平均每店为34.5万元/年;其次是贵阳的黔彩专柜,平均每店为27.2万元/年;遵义的黔彩精品店成本最低,平均每店为10.6万元/年。从日均客单数来看,依然是贵阳的黔彩便利店最高,平均每店为78.4单;其次是毕节的商超,平均每店为74.8单;安顺的黔彩精品店日均客单数最低,平均每店为13.9单。具体如表7-5所示。

表7-5 不同区域不同类型黔彩新零售连锁便利店平均每店成本与销售统计

区域	类型	成本合计（万元）	杂费（万元）	物业成本（万元）	人工成本（万元）	门店面积（平方米）	年销售额（万元）	日均客单数（单）
安顺	黔彩便利店	18.4	0.3	4.0	14.2	131.5	109.0	39.5
	黔彩精品店	17.2	0.3	2.8	14.2	62.0	52.0	13.9
	商超	25.9	0.3	11.4	14.2	17.0	129.5	41.4
毕节	黔彩便利店	22.6	0.3	8.1	14.2	55.0	73.1	42.1
	商超	26.6	0.3	7.8	18.5	26.0	184.9	74.8
	自营店	32.7	0.3	18.3	14.2	70.0	204.7	34.1
贵阳	黔彩便利店	21.0	0.3	5.7	15.0	110.2	237.5	78.4
	黔彩精品店	23.0	0.3	8.5	14.2	181.0	450.7	55.5
	黔彩专柜	27.2	0.3	14.6	12.3	17.3	141.9	33.8
	商超	34.5	0.3	20.1	14.2	17.4	319.2	62.7
	自营店	16.1	0.3	4.5	11.2	71.3	150.1	25.2
六盘水	黔彩便利店	18.0	0.3	3.5	14.2	78.0	110.8	53.6
	商超	16.1	0.3	6.1	9.8	11.0	146.6	33.4
	自营店	14.8	0.3	0.4	14.2	90.0	227.7	29.4

续表

区域	类型	成本合计（万元）	杂费（万元）	物业成本（万元）	人工成本（万元）	门店面积（平方米）	年销售额（万元）	日均客单数（单）
遵义	黔彩便利店	25.4	0.3	13.6	11.5	90.5	121.8	40.0
	黔彩精品店	10.6	0.3	0.5	9.8	43.6	116.0	19.6
	黔彩专柜	26.0	0.3	11.5	14.2	18.0	59.0	33.5
	商超	26.1	0.3	11.6	14.2	23.8	102.9	25.8
	自营店	15.0	0.3	5.0	9.8	87.7	156.0	23.1
铜仁	黔彩便利店	17.8	0.3	3.4	14.2	65.7	189.6	45.4
黔东南	黔彩便利店	13.3	0.3	1.0	12.0	82.8	126.6	36.4
	商超	25.6	0.3	11.1	14.2	21.0	109.0	31.2
黔南	商超	18.6	0.3	6.4	12.0	13.5	124.2	36.4
	自营店	18.5	0.3	4.0	14.2	68.0	286.5	28.9
总计		23.5	0.3	9.8	13.4	58.3	183.7	45.7

从地区上来看，安顺的商超客流量较大，销售额较高。毕节的商超客单数较多，自营店虽然客单数少但销售额最高。贵阳地区黔彩便利店的日均客单数最高，黔彩精品店的销售额最高。六盘水地区的黔彩便利店日均客单数多，而自营店虽然客单数少但销售额最高。

从黔彩精品店这一类型来看，贵阳和遵义这两个地区均有五种类型的新零售连锁便利店，贵阳的黔彩精品店销售额最高，其成本相对较低且日均客单数最高；而安顺的门店面积相对较小，销售额最低，表明贵阳的门店规模和经营效率与销售额有一定相关性，所以应考虑在贵阳的不同区域增加精品店的门面数，并在安顺扩大门店规模从而增加精品店的销售额。从黔彩便利店这一类型来看，除黔南地区没有黔彩便利店之外，其余几个地区均有，这七个区域中仍然是贵阳的销售额最高，主要由于贵阳市区客流量较大，日均客单数较多；而安顺的门店规模虽然比贵阳大，但由于客流量较少，销售额也较低；铜仁只有一个黔彩便利店，客流量较多，销售额较为可观，仅次于贵阳。从商超这一类型来看，除铜仁外，其余七个地区均有商超，商超所占的门店规模均相对较小，仍然是贵阳的销售额最高;其次是毕节;遵义地区由于客单数较少,销售额最低。从自营店这一类型来看,毕节、贵阳、六盘水、遵义和黔南这五个地区有自营店,黔南地区的自营店销售额最高,甚至高于贵阳,表明自营店较符合黔南地区消费者的购物需求;除贵阳外,其余几个地区自营店的销售额均相对较高。从黔彩专柜这一类型来看,仅有贵阳和遵义这两个地区有且成本较高,销售额均相对较低。

五、不同商圈不同类型

从黔彩新零售连锁便利店所处商圈和类型分析来看,旅游区的商超年销售额最高,平均每店为424.9万元/年;其次是办公区域的自营店,销售额为平均每店400.9万元/年;而旅游区的黔彩便利店年销售额最少,平均每店为45万元/年。从总成本方面来看,旅游区的商超的总成本最高,平均每店为66.3万元/年;其次是学校周边的自营店,总成本平均每店为32.7万元/年;医院区域的自营店总成本最低,平均每店为11万元/年。从日均客单数来看,旅游圈的商超日均客单数最高,平均每店为93单;其次是住宅区的黔彩便利店,平均每店为60.7单;而办公区域的黔彩精品店最低,平均每店为13.9单。具体如表7-6所示。

表7-6 不同商圈不同类型黔彩新零售连锁便利店平均每店成本与销售统计

商圈	类型	成本合计(万元)	杂费(万元)	物业成本(万元)	人工成本(万元)	门店面积(平方米)	年销售额(万元)	日均客单数(单)
办公	黔彩便利店	18.4	0.3	4.0	14.2	40.0	66.9	41.2
	黔彩精品店	17.2	0.3	2.8	14.2	62.0	52.0	13.9
	自营店	20.9	0.3	6.5	14.2	104.0	400.9	29.0
公交	自营店	16.0	0.3	1.5	14.2	32.0	172.2	28.7
旅游	黔彩便利店	30.5	0.3	18.3	12.0	115.8	45.0	31.4
	商超	66.3	0.3	51.8	14.2	20.0	424.9	93.0
	自营店	15.5	0.3	5.4	9.8	67.0	151.1	18.5

续表

商圈	类型	成本合计（万元）	杂费（万元）	物业成本（万元）	人工成本（万元）	门店面积（平方米）	年销售额（万元）	日均客单数（单）
学校	黔彩便利店	23.7	0.3	9.3	14.2	71.5	137.8	44.1
	自营店	32.7	0.3	18.3	14.2	70.0	204.7	34.1
医院	自营店	11.0	0.3	0.9	9.8	151.0	214.5	18.7
住宅	黔彩便利店	19.7	0.3	5.4	14.0	96.8	179.2	60.7
	黔彩精品店	16.8	0.3	4.5	12.0	112.3	283.4	37.6
	黔彩专柜	27.1	0.3	14.2	12.5	17.4	131.6	33.8
	商超	27.7	0.3	13.2	14.2	18.9	214.1	48.6
	自营店	16.2	0.3	4.5	11.4	70.4	154.1	26.6
总计		23.5	0.3	9.8	13.4	58.3	183.7	45.7

从商圈来看，商圈里最多的还是黔彩便利店和自营店。具体来讲，办公区域的黔彩便利店日均客单数最高，自营店的客单数虽然较低，但年销售额最高。公交区域仅有自营店，日均客单数较少，年销售额偏低。旅游区的商超日均客单数和销售额均最高。医院周边仅有自营店，销售额较为可观。学校周边有黔彩便利店和自营店，两个门店规模相差无几，黔彩便利店的客单数较多，但自营店的年销售额相对更高。住宅区由于人口密度大具有五种类型的黔彩新零售连锁便利店，其中黔彩便利店的客单数最高，黔彩精品店的销售额最高。

从黔彩便利店这一类型来看，住宅区的成本较低，且日均客单数和年销售额均最高。首先住宅区人口密度大且日常需求较多，客流量多且相对稳定，便利店中居民日常生活用品更为丰富，易培养消费者的忠诚度。其次是具有便捷性优势和成本优势，当前居民外出购物的交通费用和时间成本更高，大部分居民更偏向于在社区便利店购物且便于退换，对于便利店来讲，运营成本低，经营方式灵活。从黔彩精品店这一类型来看，仅办公和住宅这两个区域有，两个区域的人口密度都很大，但住宅区的年销售额更高。从自营店这一类型来看，每个商圈均有自营店，办公区域的自营店销售额最高，和其他区域的销售额相差较大，表明办公区的消费者更倾向在自营店消费。从商超这一类型来看，旅游区和住宅区有这一类型，旅游区因为客流量更大、物价更高，年销售额更高。从黔彩专柜这一类型来看，仅有住宅区有且年销售额相对偏低。

六、不同区域不同商圈

从黔彩新零售连锁便利店所处的不同区域和不同商圈来看，贵阳地区的旅游圈年销售额最高，平均每店为424.9万元/年；其次是黔南的办公区，平均每店为400.9万元/年；而安顺的旅游区年销售额最低，平均每店为35.4万元/年。从成本方面来看，贵阳的旅游区成本最高，平均每店为66.3万元/年；遵义的医院区域成本最低，平均每店为11万元/年。从日均客单数来看，贵阳的旅游区最高，平均每店为93单；其次是毕节的住宅区，平均每店日均客单数为64.1单，而安顺的办公区日均客单数最少，平均每店为13.9单。具体如表7-7所示。

表7-7 不同区域不同商圈黔彩新零售连锁便利店平均成本与销售统计

地区	类型	成本合计（万元）	杂费（万元）	物业成本（万元）	人工成本（万元）	门店面积（平方米）	年销售额（万元）	日均客单数（单）
安顺	办公	17.2	0.3	2.8	14.2	62.0	52.0	13.9
	旅游	22.0	0.3	7.5	14.2	193.0	35.4	33.1
	学校	14.8	0.3	0.4	14.2	70.0	182.6	45.8
	住宅	25.9	0.3	11.4	14.2	17.0	129.5	41.4
毕节	办公	18.4	0.3	4.0	14.2	40.0	66.9	41.2
	学校	32.7	0.3	18.2	14.2	71.5	148.8	38.2
	住宅	23.3	0.3	5.9	17.1	34.7	143.1	64.1
贵阳	旅游	66.3	0.3	51.8	14.2	20.0	424.9	93.0
	住宅	24.8	0.3	11.0	13.5	57.7	232.1	53.9
六盘水	住宅	17.0	0.3	3.4	13.3	67.0	141.4	44.7
遵义	旅游	27.3	0.3	17.2	9.8	52.8	102.9	24.1
	医院	11.0	0.3	0.9	9.8	151.0	214.5	18.7
	住宅	22.8	0.3	9.8	12.7	53.3	112.4	32.1

续表

地区	类型	成本合计（万元）	杂费（万元）	物业成本（万元）	人工成本（万元）	门店面积（平方米）	年销售额（万元）	日均客单数（单）
铜仁	住宅	17.8	0.3	3.4	14.2	65.7	189.6	45.4
黔东南	住宅	17.4	0.3	4.4	12.7	62.2	120.7	34.7
黔南	办公	20.9	0.3	6.5	14.2	104.0	400.9	29.0
黔南	公交	16.0	0.3	1.5	14.2	32.0	172.2	28.7
黔南	住宅	18.6	0.3	6.4	12.0	13.5	124.8	36.4
总计		23.5	0.3	9.8	13.4	58.3	183.7	45.7

从地区综合来看，安顺的学校区总成本最低，日均客单数和年销售额最高，办公区日均客单数最少，旅游区年销售额最少。毕节的住宅区日均客单数最高，住宅和学校这两个区域的年销售额均很高，和办公区年销售额差距较大。贵阳有旅游和住宅两个区域，相较而言旅游区的日均客单数和年销售额更高。六盘水、铜仁和黔东南均只有住宅区这一类型，三个地区的成本相同，铜仁的日均客单数和年销售额更高，黔东南的日均客单数和年销售额最低。遵义有旅游、医院和住宅这三种区域，虽然医院的人均客单数最少，但成本也最低，年销售额就最高。黔南有办公、公交和住宅三个商圈，办公区域年销售额最高，远远超过另外两个商圈。总的来看，每个地区的零售店分布均与当地特色相结合从而有各自的侧重点。

第三节 黔彩新零售连锁便利店选址模型

一、连锁便利店选址概述

连锁便利店由众多分散的、经营同一品牌商品或服务的零售店组成。由于我国零售连锁业与外资连锁业存在着较大的规模差距，普遍很难形成由规模经济带来的低成本效应，因此有经济实力的国内连锁企业在终端网点建设方面正在努力地扩张。然而终端网点的选址由于考虑的因素较多，从而使得决策过程复杂且成本很高，店址一旦选定，不易改动。同时位置特点对企业整体战略影响较大，因而网点位置的选择对于零售企业而言其重要性不可低估，故连锁便利店网点选址需要科学的分析与决策。

Ghosh A. 把零售选址问题研究分为两个基本层面：第一层面为消费者商店选择过程分析，其主要研究消费者购物时的商店选择行为与偏好，这类研究文献致力于分辨吸引顾客的店铺属性，构成"店铺选择模型"，该类模型主要有最近中心地理论和"引力模型"、哈夫模型及其在此基础上改进的 HBC 模型；第二层面为商店区位分析，其以商店业绩最优化为目标分析商店规模及其拥有的特征，形成"店址配置模型"，通常同时涉及店址选择问题和各店址区位的需求分布分析，在系统评估了一系列可能作为店址区位的性状和消费者需求分布后根据零售商的目标函数选择其中最佳区位，如基于连续竞争的 Hotelling 模型。这两个层面的分析是相互补充的，对商店选择问题的研究可以促进商店区位问题的研究，而"店铺区位模型"内含商店选择问题。零售选址问题的分析层面，还可以在"店址配置模型"之上加入不同零售市场潜力与成长的比较与选择，如饱和度和"饱和成长曲线"分析。

这些模型虽然在实际中得到广泛应用，但存在如下三个问题：一是由于模型本身参数的局限性，往往考虑的因素较少，如哈夫模型只考虑了零售店的面积与距离，Hotelling 模型则只考虑零售店的距离成本及具有替代性产品之间的差异。二是这些模型的应用具有普遍性，忽视了零售商品的特征属性，如服装专卖连锁零售与杂粮专卖连锁零售在选址时存在一些个性化的差异。三是选址缺少该连锁便利店实际运营数据的参考，虽然选址时考虑了众多因素，但其实际销售情况并不一定与当时选址评价结果一致。

通常连锁便利店的选址往往是在没有相关经营数据的情况下，从区域环境、商圈环境、商业环境、交通环境、顾客资源五个方面来进行综合考虑，一般通过调研获得相关数据后进行打分再加权求和进行评价。而目前黔彩新零售连锁便利店共有黔彩便利店、黔彩精品店、黔彩专柜、商超、自营店五个类型 74 个门店覆盖贵州省八个市（州），商圈包括办公、旅游、商业、学校、医院、住宅。因此本书根据历史经营数据从店铺区位的角度来分析黔彩便利店的选址问题。

二、连锁便利店区位选择分析

从门店的角度考虑，其销售额的影响除受商品多样化、商品价格和消费者特征的影响外，与门店所处的环境也具有重要的关系。因此，本书从门店销售额的角度来考虑所处区域、所属类型、所属商圈、门店面积、成本投入、日均客单数等因素对区位选择的影响。

由于所处区域、所属类型、所属商圈、门店面积、成本投入会影响日均客单数，进而影响年销售额，从日均客单数与年销售额 Pearson 相关性来看，在置信度（双侧）为 0.01 时，相关性是显著的，如表 7-8 所示，因此本书以所处区域、所属类型、所属商圈、门店面积、成本投入为预测变量，年销售额为因变量，分析这些预测变量对因变量的影响程度。

表 7-8 年销售额与日均客单数相关性

		年销售额	日均客单数
年销售额	Pearson 相关性	1	0.557**
	显著性（双尾）		0.000
	N	74	74

注：**表示在 5% 的水平上显著。

由于区域、类型、商圈属于名义变量，因此首先对这些变量的各类别用数值编码的方式进行量化处理，具体如表 7-9 所示。

表7-9 名义变量的数值编码

区域	编码	商圈	编码	类型	编码
安顺	1	办公	1	黔彩便利店	1
毕节	2	公交	2	黔彩精品店	2
贵阳	3	旅游	3	黔彩专柜	3
六盘水	4	学校	4	商超	4
黔东南	5	医院	5	自营店	5
黔南	6	住宅	6		
铜仁	7				
遵义	8				

由于名义分类变量类别间的差异很难探索，所以上述分类变量通过用任意的数值进行编码方式的量化处理，并不能保证其结果是最优的。故要通过线性回归的方法来表达上述某个分类变量对销售额的影响时，需要使用交替最小二乘法的最优尺度分类回归方法，即最优尺度回归。该方法运用优化的尺度，即采用一定的非线性变换方法进行反复迭代，通过同时尺度化名义变量和数值变量来量化转换分类变量为连续变量，以使量化转换后的分类变量能用与数值型变量相同的方式进行处理，从而可用标准线性回归方法对转换后的变量进行回归分析。通过该方法，各变量系数能够反映预测变量的变化对响应变量变化的程度影响。

采用SPSS软件，以区域、类型、商圈、门店面积、总成本作为预测变量，以年销售额作为因变量，有效样本容量共计74个，得到回归结果如表7-10～表7-13所示。表7-10展示了最优尺度回归中的复相关系数，$R^2 = 0.653 > 0.5$，说明回归方程的拟合效果比较理想。

表7-10 模型摘要

	复R	R^2	调整后的R^2	明显预测错误
标准化数据	0.808	0.653	0.555	0.347

表7-11为最优尺度回归模型的方差分析表。从表中可以看出，P=0.000<0.05，表明所建模型有统计学上的显著性意义。

表7-11 ANOVA

	平方和	自由度	均方	F	显著性
回归	37.031	16	2.314	3.569	0.000
残差	36.969	57	0.649		
总计	74.000	73			

根据表7-12得到标准回归系数，从而得到最优尺度回归方程为：

年销售额 = 0.557×区域 + 0.432×类型 + 0.226×商圈 + 0.470×门店面积 + 0.194×总成本

从该方程可以看出，对年销售额影响最大的三个要素依次是区域、门店面积和类型。这点也可从表7-12中的重要性指标看出。为进一步验证影响因素的重要性，采用自动线性建模，结果如表7-13所示，从中可以看出，区域的重要性为0.419，门店面积的重要性为0.306，类型的重要性为0.209。

表7-12 回归系数

	标准系数		自由度	F	显著性
	β	对标准的Bootstrap（1000）估算			
区域	0.557	0.125	5	19.917	0.000
类型	0.432	0.124	4	12.099	0.000
商圈	0.226	0.131	5	3.005	0.018
门店面积	0.470	0.177	1	7.056	0.010
总成本	0.194	0.138	1	1.980	0.165

表7-13 自动线性建模结果

模型期	系数	标准误差	t	显著性	95%置信区间		重要性
					下限	上限	
截距	-30.052	39.022	-0.770	0.444	-107.898	47.794	
区域_ transformed = 0	110.765	23.505	4.712	0.000	63.873	157.656	0.419
区域_ transformed = 1	0ª						0.419
门店面积_ transformed	1.048	0.260	4.031	0.000	0.530	1.567	0.306
类型_ transformed = 0	93.086	27.959	3.329	0.001	37.309	148.862	0.209
类型_ transformed = 1	0ª						0.209
总成本_ transformed	2.478	1.329	1.865	0.066	-0.172	5.129	0.066

注：a表示此系数是冗余的，因此设置为零。

从表7-14中的容差列可以看出，各变量的容差都大于0.1，故各变量之间不存在多重共线性。

表7-14 相关性和容差

	相关性			重要性	容差	
	零序	分部	部件		变换后	变换前
区域	0.443	0.564	0.483	0.493	0.751	0.962
类型	0.213	0.459	0.365	0.183	0.715	0.842
商圈	-0.035	0.266	0.195	-0.016	0.739	0.985
门店面积	0.234	0.506	0.415	0.220	0.778	0.824
总成本	0.306	0.250	0.182	0.119	0.886	0.942

上述最优尺度回归模型表明，门店所处区域、门店面积和门店类型是影响门店销售额的重要因素。从名义变量转换前后值的对照表（见表7-15）来看，在区域中铜仁转换前编码为7，转换后为1.212。

表 7-15　名义变量转换前后值的对照

区域			类型			商圈		
类别	频率	量化	类别	频率	量化	类别	频率	量化
1~2	10	-1.741	1	26	-0.904	1	3	2.305
3	36	0.862	2	3	0.511	2	1	2.298
4	5	-0.111	3	8	-1.029	3	4	0.676
5~6	7	0.121	4	24	1.342	4	3	3.755
7	1	1.212	5	13	-0.154	5	1	0.000
8	15	-1.009				6	62	-0.374

从这些编码可以看出，铜仁、贵阳、黔东南和黔南四个地区转换后的编码值最高。由于铜仁只有一个门店，在考虑可能特例的情形下，从目前已有数据来看，门店优先区域为贵阳、黔东南和黔南三个地区。从类型来看，转换后为正数的类型分别是黔彩精品店和商超两种类型，因此这两个类型也是开门店的最优选择类型。从商圈来看，虽然办公、公交、学校商圈转化后的编码值较高，但由于其频率较低，特别是公交商圈仅一例，因此可适当将这三个商圈作为开门店的优先参考。因此，在门店管理过程中，需要在区域、类型与商圈三个方面进行资源的优化配置，以实现销售收入最大化。

三、连锁便利店的选址选择分析

连锁便利店的选址评价问题是一个系统性问题。连锁便利店的选址评价需要从商圈因素、社区因素、自身因素这三个不同层面来对备选地点进行综合考察和评价。可见，企业管理层对区域、商圈、地点这三个不同层面指标体系的选择，将直接影响到新开设门店的评价结果。另外，如何选择科学、合理的评价方法来对三个层面的因素进行评价，这也是选址评价过程中的重点和难点问题。因此，在进行黔彩连锁便利店选址评价方案设计之前，需要对优化方案的构建思路进行明确。本书在选址评价方案优化过程中将主要遵循以下思路：首先是构建选址评价指标体系；其次明确选址评价的方法，确定各个评价指标的权重，明确各个评价指标赋值依据及其分值；最后通过评分对备选地址进行排序选出最优选址方案。

（一）选址评价指标体系构建原则

连锁便利店的选址，需要考虑宏观区域经济、城市规划等指标，也需要考虑既定城区内部商圈发展情况，还需要进一步结合具体选址地点的人流、交通、消费能力等因素进行分析。因此，黔彩连锁便利店选址评价指标体系的构建是一项系统性工作，需要以选址评价方案目标为指引，以选址评价优化方案思路为基础，通过明确各个评价指标选择的基本原则，细化、细选相关评价指标，才能确保所选出的评价指标能够全面、客观地对备选地点的特征进行描述。为此，本书制定了以下三个选址评价指标体系构建原则：

1. 客观性原则

所谓客观性原则，是指在选择黔彩连锁便利店选址评价指标体系各个指标时，需要结合商圈因素、社区因素、自身因素的具体情况，从中选择那些具有代表性、可量化性、可测度性的指标作为选址评价指标体系的构成部分之一。坚持客观性原则，要求在选择选址方案评价指标体系过程中，要坚决舍弃那些次要的、难以度量的、模棱两可的指标作为评价指标，确保纳入选址评价指标体系的指标真实、客观、有效。

2. 系统性原则

所谓系统性原则，是指在构建黔彩连锁便利店选址评价指标体系的过程中，所纳入评价指标体系的指标要自成系统，以便能较为全面地度量那些可能对黔彩连锁便利店持续经营产生显著性影响的有关因素。坚持系统性原则，要求在选择评价指标时既要突出重点，又要兼顾各个方面，不能忽视那些可能对评价结果产生显著性影响的重要指标或因素。

3. 可操作性原则

所谓可操作性原则，是指在将有关影响因素的评价指标纳入指标体系时，要充分考虑这些指标数据在现实中的可获得性、可度量性等,以确保最终能与所选定的评价方法有效衔接,并最终输出客观的选址评价得分结果,以供黔彩连锁便利店的管理层进行参考。坚持可操作性原则,是确保所选择的评价指标以及所构建的评价指标体系最终能够结合具体备选地址进行测算的重要基础。

(二)选址评价指标体系的构成

连锁便利店的选址,需在开始选址的时候就考虑到未来可能影响便利店后期持续运营的若干要素,并对这些影响因素进行综合评价,以降低企业选址失误而造成的风险。结合国内外有关连锁便利店选址影响因素的梳理,以及对连锁便利店选址理论的阐述,并进一步结合对连锁便利店选址影响因素的具体分析结果,本书从商圈因素、社区因素和自身因素这三个层次来提炼影响黔彩连锁便利店选址的相关因素,具体如表7-16所示。

表7-16 选址评价指标体系

目标层	因素层	指标层
黔彩连锁便利店选址评价	商圈因素	同类竞争情况
		磁力点情况
		商圈人口密度
		周边大中型商业项目数量
	社区因素	社区中心客流量
		社区成熟度
		社区人均消费水平
		社区商业租金成本
	自身因素	门店的可见性
		门店的外形
		门店的位置
		便利性

1. 商圈因素层面

在商圈因素层面,本书拟选黔彩连锁便利店地址与周边同类便利店的竞争情况、磁力点情况、商圈人口密度情况、周边大中型商业项目数量情况这四个评价指标进行考察。作为黔彩连锁便利店选址过程中需要考虑的第一层级影响因素，商圈因素主要是从市场竞争角度来对备选地址的竞争态势进行分析。同时，还兼顾分析了黔彩连锁便利店与周边商业业态的互补性情况，这也是影响其下一步能否持续经营的重要因素。

2. 社区因素层面

在社区层面，本书主要将分析的视角进一步缩小至备选地址的具体社区，从社区的中心客流量、社区的成熟程度、社区的人均消费水平、社区商业的租金成本这四个指标来具体衡量可能影响黔彩连锁便利店选址的相关影响因素。可以看到，进入社区层面，关注的重点是社区的消费能力、运营租金成本等对黔彩连锁便利店经营更为直接、现实的影响要素。

3. 自身因素层面

在黔彩连锁便利店自身因素层面，本书主要是切入黔彩便利店具体的选址地点，分析其交通便利性、是否属于临街商铺、商铺的可见性、顾客是否愿意在便利店门前逗留、门店的具体位置、形状和外观等要素。这些要素均以实际门店的具体情况为出发点，结合门店的具体情况进行分析。这些要素是黔彩连锁便利店后期开展运营的重要影响因素，更是黔彩连锁便利店未来是否能够持续运营的决定性因素。

（三）评价方法的选择

目前用于连锁便利店选址的主要评价方法包括：静态线性规划分析法、模糊聚类分析法和层次分析法。根据前文分析结果，本书在研究连锁便利店选址评价有关问题的过程中，将采用层次分析法来对黔彩连锁便利店选址有关问题进行评价研究。

层次分析法（The Analytic Hierarchy Process，AHP）是一种定性与定量相结合的决策分析方法。它是一种将决策者对复杂系统的决策思维过程模型化、数量化的过程。应用这种方法，决策者通过将复杂问题分解为若干层次和若干因素，在各因素之间进行简单的比较和计算，就可以得出不同方案的权重，为最佳方案的选择提供依据。

AHP 的基本原理是依据具有递阶结构的目标、子目标（准则）、约束条件、部门等来评价方案，采用两两比较的方法确定判断矩阵，然后把判断矩阵的最大特征值相对应的特征向量分量作为相应的系数，最后综合给出各方案的权重（优先程度）。AHP 算法的基本过程，大体可以分为五个基本步骤，如图 7-1 所示。

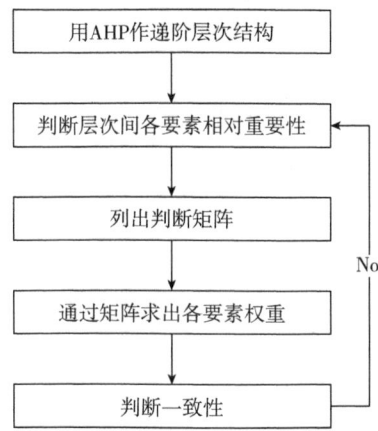

图 7-1　AHP 算法基本步骤

AHP 各级指标权重的确定：根据 AHP，本章的一级指标、二级指标、三级指标采用专家打分法，打分准则如表 7-17 所示。

表 7-17　重要性标度含义

标度 a_{ij}（1~9 标度）	标度 a_{ij}（$e^{0/5}-e^{8/5}$ 标度）	定义
1	$e^{0/5}$	i 元素与 j 元素相同重要
3	$e^{2/5}$	i 元素与 j 元素略重要

续表

标度 a_{ij} (1~9 标度)	标度 a_{ij} ($e^{0/5} - e^{8/5}$ 标度)	定义
5	$e^{4/5}$	i 元素与 j 元素较重要
7	$e^{6/5}$	i 元素与 j 元素非常重要
9	$e^{8/5}$	i 元素与 j 元素绝对重要
2，4，6，8	$e^{1/5}$，$e^{3/5}$，$e^{5/5}$，$e^{7/5}$	为以上两元素判断之间的中间状态对应的标度值
倒数	倒数	i 元素与 j 元素比较，得到判断值为 $a_{ji} = 1/a_{ij}\, a_{ii} = 1$

专家打完分后，根据下列步骤对各指标打分矩阵求得指标权重并进行一致性检验：

（1）计算判断矩阵每行所有指标的几何平均值：

$$\overline{\omega}_i = \sqrt[n]{\sum_{j=1}^{n} a_{ij}}\ i = 1,\ 2,\ \cdots,\ n$$

得到 $\overline{\omega} = (\overline{\omega}_1,\ \overline{\omega}_2,\ \cdots,\ \overline{\omega}_n)^T$

（2）将 $\overline{\omega}_i$ 归一化，即计算：

$$\omega_i = \frac{\overline{\omega}_i}{\sum_{i=1}^{n} \overline{\omega}_i}\ i = 1,\ 2,\ \cdots,\ n$$

得到 $\omega = (\omega_1,\ \omega_2,\ \cdots,\ \omega_n)^T$，即为所求特征向量的近似值，这也是各指标的相对权重。

（3）计算判断矩阵的最大特征值 λ_{max}：

$$\lambda_{max} = \sum_{i=1}^{n} \frac{(A\overline{\omega})_i}{n\overline{\omega}_i}$$

其中 $(\overline{A\omega})_i$ 为向量 $A\omega$ 的第 i 个指标。

（4）计算判断矩阵一致性指标，检验其一致性。

以其平均值作为检验判断矩阵一致性指标：

$$C.I. = \frac{\lambda_{max} - n}{n - 1}$$

当 C.I. = 0 时，为完全一致；C.I. 值越大，判断矩阵的完全一致性越差。

判断矩阵的维数 n 越大，判断的一致性将越差，故应放宽对高维判断矩阵一致性的要求。引入修正值 R.I.，见表 7-18，并取更为合理的 C.R. 作为衡量判断矩阵一致性的指标。

$$C.R. = \frac{C.I.}{R.I.}$$

表 7-18 矩阵一致性标准

维数	1	2	3	4	5	6	7	8	9
R.I.	0.00	0.00	0.58	0.96	1.12	1.24	1.32	1.41	1.45

当 C.R. ≤ 0.1 时，则认为判断矩阵的一致性可以接受；当 C.R. > 0.1 时，则应对判断矩阵作适当的修正。通过汇总专家调查问卷，得到项目层和各子项目层的判断矩阵，并且计算每个判断矩阵的 C.R. 值。

层次分析方法在决策过程中，通过对各个影响因素的重要性程度进行判断，形成不同的专家判断矩阵，以实现对定性问题的数量化，从而将复杂的、难以定量化的变量进行数量化处理，这是定性与定量分析相结合的有效分析方法。在对黔彩连锁便利店多个备选选址进行评价的过程中，也将遇到一些难以实现量化但又比较重要的变量。例如，社区购买者的习惯、消费偏好、店铺形象、滞留意愿等。因此，通过借助层次分析方法，可以将这些难以量化的变量进行数量化处理，使之可以一并纳入选址评价指标体系进行分析，最终可以形成较为客观、科学的选址结论，为黔彩连锁便利店公司的管理层的决策提供参考。最终得到相关权重，如表 7-19 所示。

（四）指标量化赋值

通过层次分析法，给出了黔彩连锁便利店选址评价指标体系中各个指标的权重系数，为公司管理层具体对各个备选地址进行评价奠定了基础。本节将结合各个指标的特征，具体对各个指标进行量化赋值，为进行选址评价提供参考。

表7-19 各指标层对应的权重及其指标量化赋值

目标层	因素层	指标层	1分	2分	3分	4分	5分
黔彩连锁便利店选址评价	商圈因素 (0.54)	同类竞争情况 (0.333)	≥5	4	3	2	1
		社区商业数量 (0.333)	1	2~3	4~5	6~7	≥8
		商圈人口密度 (0.333)	<1000	1000~3000	3000~5000	5000~7000	≥7000
	社区因素 (0.30)	人流量 (0.38)	<1000	1000~3000	3000~5000	5000~7000	≥7000
		社区成熟度 (0.49)	<3	3~5	6~8	8~10	>10
		租金成本 (0.13)	≥300	250~300	200~250	150~200	<150
	自身因素 (0.16)	门店的视认性 (0.22)	差	尚可	可	尚佳	佳
		门店的外形 (0.25)	不规则形状	梯形	纵深向长方形	正方形	横向长方形
		门店的位置 (0.32)	无机动车道经过	位于单向车道旁	位于双向车道旁	位于三岔路口	位于十字路口
		滞留意愿 (0.20)	比较拥挤	人行道	停车位	特色商业吸引	小空地

黔彩连锁便利店选址评价指标体系中相关指标的赋值主要是基于以下三个方面考虑：

（1）商圈因素方面。一是同类便利店竞争情况，这个指标主要是考虑在既定商圈内，且与备选地址2千米辐射半径内类似规模的连锁便利店、连锁便利店的数量。同类型的连锁便利店将会在商圈内部与黔彩连锁便利店形成直接竞争关系。特定范围内，同类便利店竞争越激烈，那么黔彩连锁便利店的经营压力将会越大。因此，区域内同类便利店数量越多，其得分值就越低。二是社区商业互补情况。互补性商业对黔彩连锁便利店的持续经营将具有明显的促进作用，例如学校、医院、娱乐购物、旅游景点及车站枢纽的商业。互补性商业业态的种类越多，居民到该地段购物的可能性就越高，因此黔彩连锁便利店的经营压力就越小。三是商圈人口密度情况。一般地，商圈内人口密度越高，其潜在的消费需求就越旺盛，相应的消费潜力就越大。因此，商圈内人口密度越高，被赋予的分值也就越高。

（2）社区因素方面。一是社区中心客流量，客流量的大小将直接关系到社区商业的活跃程度与繁华程度。一般而言，社区中心客流量越大，其商业就越活跃，潜在的商业机会就更多。因此，社区中心客流量越大，被赋予的分值就越高，也表明在该社区中选址经营黔彩连锁便利店的风险就相对较低。二是社区成熟度。通常地，社区成熟度越高，其居民的入住率就越高，而且周边的商业配套也就更齐全，居民在周边的日常消费需求也就越高。因此，社区成熟度越高的备选地址，被赋予的分值也就越高。三是社区商业平均租金，租金是黔彩连锁便利店的主要经营成本，经营成本越高，黔彩连锁便利店持续经营的压力就越大。因此，租金越高，相应被赋予的分值就越低。

（3）自身因素方面。一是门店的可见性，表明黔彩连锁便利店对周边社区居民、行人的吸引力高低情况。门店的可见性越高，人们进店消费的可能性也就越高。这里主要用门店前方是否有障碍物来衡量，门店的可见性越高，其被赋予的分值就越高。二是门店的外形，这主要是指黔彩连锁便利店备选门店的形状。一般而言，方正、规则的门店格局更有助于提高消费者的购物体验，吸引消费者入店购物。因此，更为规则、便于使用的门店外形，将被赋予更高的分值。三是门店的位置，本书主要考察位于十字路口、三岔路口等位置的门店，以考察备选门店的潜在客流量情况。通常地，便利店门店位置越好，其潜在客流量就越大，因此，被赋予的分值就越高。四是便利性。通常地，顾客乐于在店铺前面滞留，那将会在无形中增加店面的销售额。因此，顾客滞留意愿更高的备选地址，将被赋予更高的分值。

虽然选址评价指标体系往往涉及很多指标，但考虑到指标间的替代性，例如生活动线繁荣度与人流量完全相关,人流量越大,则生活动线越繁荣,因此生活动线繁荣度与人流量两者中只选其一即可。本书的指标体系只选取了关键性的指标,其主要原因是便于调查与评价,可以尽量减少主观性评价,降低调查成本,在降低不必要的信息下提升评价效率。具体如表7-19所示。

(五)评分值的计算

设第 R 因素层下第 i 个指标值为 x_{ki},权重为 w_{ki}。由于每个指标值最高分为 5 分,将各因素层下分数归一化处理,第 k 因素层得分为 $z_k = \sum_i w_{ki} \frac{x_{ki}}{5}$,从而得到总评分为 $z = \sum_k w_k z_k$。具体以 A 店和 B 店为例进行分析,A 店位于贵阳市云岩区贵乌北路,B 店位于贵阳市云岩区枣山路,根据上述计算模型得到 A 店评分为 $0.5994 \times 0.54 + 0.528 \times 0.30 + 0.658 \times 0.16 = 0.587356$。B 店评分为 $0.4662 \times 0.54 + 0.822 \times 0.30 + 0.758 \times 0.16 = 0.619628$。根据评价结果,B 店评分大于 A 店,因此 A、B 两店作为备选方案时,B 店优于 A 店。具体计算结果如表 7-20 所示。

表 7-20 门店选址的评分

目标层	因素层	指标层	A	A 因素层得分	B	B 因素层得分
黔彩连锁便利店选址评价	商圈因素 (0.54)	同类竞争情况	1	0.5994	1	0.4662
		社区商业数量	5		5	
		商圈人口密度	3		1	
	社区因素 (0.30)	人流量	3	0.528	3	0.822
		社区成熟度	2		5	
		租金成本	4		4	
	自身因素 (0.16)	门店的视认性	4	0.658	3	0.758
		门店的外形	5		5	
		门店的位置	3		4	
		滞留意愿	1		3	

第四节 本章小结

本章根据黔彩连锁便利店过去一年的门店销售数据，首先对黔彩连锁便利店进行了总体分析；其次从门店所属类型、区域、商圈分别进行了成本与销售分析，在此基础上进一步进行了成本与销售的交叉分析；最后根据门店调查数据从区位选择和地址选择两个角度出发建立了黔彩连锁便利店选址模型。本章根据黔彩连锁便利店历史运营数据，运用最优尺度回归模型分析了影响门店业绩的重要因素，并得出了黔彩连锁便利店的最优尺度回归模型，结果表明门店所处区域、门店面积和门店类型对门店业绩有重要影响，该回归模型可为黔彩连锁便利店门店区位的选择提供参考。另外采用层次分析法，并根据调查数据对选址评价进行了验证。

第八章 黔彩新零售对标研究

对标管理又称标杆管理,是企业(部门、专业)持续不断地将自己的产品、服务及管理实践活动与行业内先进企业的产品、服务及管理实践活动进行对比分析,通过对比分析找出差距,并采取相适应的改进措施,不断向标杆先进水平靠拢,并最终达到和超过标杆的一种促进实践的方法。对标管理工作是提升企业管理水平、增强企业经营效益的有效途径,是企业适应市场竞争、摆脱困境和发展壮大的重要途径。对标管理的实质是为促进企业(部门、专业)绩效的提高而寻求、分析并研究先进企业(部门、专业)在管理方法、流程、指标、技术进步与升级等方面的做法,通过比照学习,不断提高管理水平。

对标离不开运营管理指标体系的建立,因此本书在建立黔彩新零售运营管理指标体系的基础上,从黔彩新零售内部与零售行业两个方面进行对标分析,以改进和提高黔彩新零售的经营绩效,增加企业实现最佳绩效的信心,可以集中所有的最佳典范,从而促成管理水平的全面提高,实现可持续发展。

第一节 黔彩新零售运营管理指标体系

黔彩新零售运营管理的目标是提升门店效率,即以最少的成本投入获得最大收入。因此，内部对标主要从效率的角度考察，其主要指标包括门店运营的投入与产出指标。在产出指标中，门店的年销售额虽然受客流量、商品价格与数量、门店位置等众多因素的影响，但这些因素也可通过门店面积、人工成本、物业成本体现。门店地理位置选择一般考虑其客流量，门店面积大小选择基本也在成本投入与收入之间平衡。物业成本在一定程度上反映了该门店所处位置的繁华程度。日均客单数与人工成本在置信度（双侧）为 0.01 时，具有显著的相关性，如表 8-1 所示，这表明人工成本在一定程度上反映了门店的客流量。因此，本书以门面营业面积、人工成本、物业成本为投入指标，商品销售额为产出指标。

表 8-1　日均客单数与人工成本相关性检验

		日均客单数	人工成本
日均客单数	Pearson 相关性	1	0.595**
	显著性（双尾）		0.000
	N	74	74

注：**表示在5%的水平上显著。

外部对标需要考虑指标数据可得性，对于连锁行业的门店来说虽然最核心的指标是利润，但坪效却是最能够代表门店的竞争力高低的数值，是可以在各连锁行业内部的不同门店之间相互比较的指标，是能够更好地体现各门店的基本竞争力的一个关键参考指标，通过坪效可以分析门店面积的生产力，深入了解店铺销售真实情况。另外，人效反映门店员工销售能力与排班用人的合理性，店效则反映连锁企业的市场拓展能力。

综合上述内部对标与外部对标指标，在数据可得性的基础上，得到黔彩新零售运营管理指标体系，如表 8-2 所示。

表 8-2 零售行业对标数据统计

指标	单位
年末从业人数	万人
人工成本	万元/年
物业成本	万元/年
零售营业面积	万平方米
商品销售额	亿元/年
门店总数	个
坪效	万元/平方米/年
人效	万元/人/年
店效	万元/个/年
平均每个门店从业人数	人/个
平均每个门店面积	平方米/个

第二节 黔彩内部对标分析

内部对标是指在企业内部开展的对标管理工作。通过逐步构建黔彩直营、加盟和合作终端三种类型打造黔彩流通品牌，让黔彩品牌产生的溢出效应助力零售客户增收。由于便利店所处区域、商圈、营业面积及其类型的差异导致便利店之间的经营效率也存在差异，因此本书先采用 DEA 模型对所有连锁便利店进行内部对标分析，然后再分区域及门店类型进行对标分析。

数据包络分析（Data Envelopment Analysis，DEA）是由著名运筹学家 Charnes、Cooper 和 Rhodes 于 1978 年提出的，它以相对效率概念为基础，以凸分析和线性规划为工具，计算比较具有相同类型的决策单元（Decision Making Unit，

DMU）之间的相对效率，依此对评价对象做出评价。DEA方法一出现，就以其独特的优势而受到众多学者的青睐，现已被应用于各个领域的绩效评价中。

一个经济系统或一个生产过程都可以看成是一个单位（或一个部门）在一定范围内通过投入一定数量的生产要素并产出一定数量的"产品"的活动。虽然这种活动的具体内容各不相同，但其目的都是尽可能地使这一活动取得最大的"效益"。由于从"投入"到"产出"需要经过一系列决策才能实现，或者说，由于"产出"是决策的结果，所以这样的单位（或部门）被称为决策单元（DMU）。因此，可以认为，每个DMU（第i个DMU常记作DMU_i）都表现出一定的经济意义，它的基本特点是具有一定的投入和产出，并且将投入转化成产出的过程中，努力实现自身的决策目标。

DEA方法的基本原理是：设有n个决策单元DMU_j $(j=1, 2, \cdots, n)$，它们的投入、产出向量分别为：$X_j = (x_{1j}, x_{2j}, \cdots, x_{mj})^T > 0$；$Y_j = (y_{1j}, y_{2j}, \cdots, y_{sj})^T > 0$，$j=1, \cdots, n$。由于在生产过程中各种投入和产出的地位与作用各不相同，因此，要对DMU进行评价，必须对它的投入和产出进行"综合"，即把它们看作只有一个投入总体和一个产出总体的生产过程，这样就需要赋予每个投入和产出恰当的权重。

DEA作为一种非参数方法适合于同种类型部门或单位间的相对有效性排序和评价，可以通过在生产前沿面上的投影分析，发现非DEA有效的产生原因以及改进方向，调整资源投入量和效益产出量使决策单元达到DEA有效。

门店的年销售额虽然受客流量、商品价格与数量、门店位置等众多因素的影响，但这些因素也可通过门店面积、人工成本、物业成本体现。门店地理位置选择一般考虑过其客流量，门店面积大小选择基本也在成本投入与收入之间平衡。物业成本在一定程度上反映了该门店所处位置的繁华程度。日均客单数与人工成本在置信度（双侧）为0.01时，具有显著的相关性，如表8-3所示，这表明人工成本在一定程度上反映了门店的客流量。

表 8-3　日均客单数与人工成本相关性检验

		日均客单数	人工成本
日均客单数	Pearson 相关性	1	0.595**
	显著性（双尾）		0.000
	N	74	74

注：** 表示在5%的水平上显著。

因此，本书以门店面积、人工成本、物业成本为投入指标，年销售额为产出指标，采用一阶段 DEA 模型从门店的相关投入与产出分析门店的经营效率，在一定程度上可为门店的管理及其选址提供参考。

鉴于门店面积、物业成本不可作为一般性投入生产要素，因此本书选用规模报酬不变且以产出为导向的 DEA 模型。

在所有门店中，由于某些特殊原因，存在极少数经营异常的门店，如某门店面积较大而物业成本却很低，其年销售额远高于其他所有门店。因此，在进行 DEA 分析门店经营效率时，有必要先排除异常数据，以免引起参考标杆过于集中，歪曲模型的准确度。Cook 距离是统计分析中一种常见的距离，用于诊断各种回归分析中是否存在异常数据。较大的 Cook 距离表明从回归统计量和计算中排除个案之后，系数会发生根本变化。以年销售额为因变量通过回归分析，得出 74 个门店中有 3 个门店有较大的 Cook 距离值，排除该 3 个门店后余下 71 个门店数据进行 DEA 分析。

一、总体分析

通过 DEA 模型分析 71 个门店的投入产出数据，最终结果显示技术效率为 1 的门店共有 7 个，其中贵阳市 6 个、黔南都匀 1 个。这 7 个门店中，有 3 个属于商超类型，黔彩精品、黔彩专柜、黔彩便利和自营店各 1 个。所属商圈中有 5 个属于商业住宅，另外 2 个分别为商业旅游与商业办公商圈。技术效率最低的门店位于遵义湄潭，其技术效率只有 0.079。71 个门店中平均技术效率为 0.52。分段技术效率统计门店频数如图 8-1 所示。技术效率大于 0.9 的门店共有 10 个，占总门店数的 14%；技术效率大于 0.5 的门店共有 35 个，占总门店数的 49%；技术效率在 0.3~0.4 之间的门店数量为 16 个，在所有分段技术频率中数量最多。

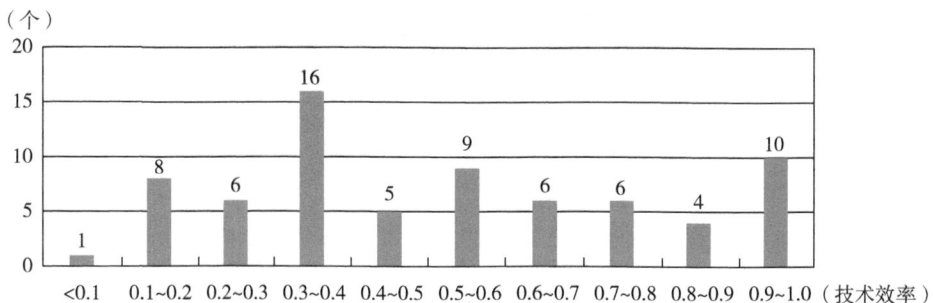

图 8-1　各分段技术效率门店频数分布

从地区来看，贵阳市平均技术效率为 0.63，在所有地区中最高；其次是黔南地区平均技术效率为 0.62；毕节地区在所有地区中技术效率最低，其平均值为 0.33。具体如图 8-2 所示。

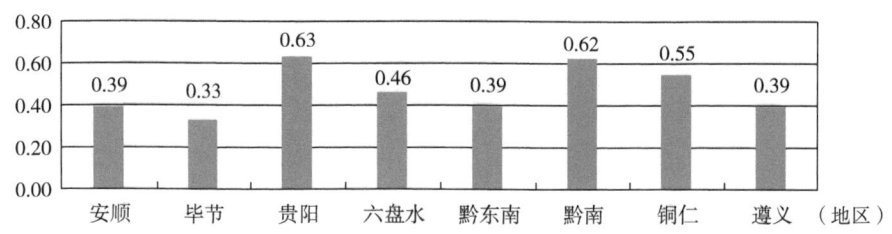

图 8-2　各地区平均技术效率

从类型来看，自营店平均技术效率为 0.62，在所有类型中平均技术效率最高；其次是黔彩精品店，平均技术效率为 0.57；黔彩便利店类型在所有类型中平均技术效率最低，其值为0.43。具体如图8-3所示。

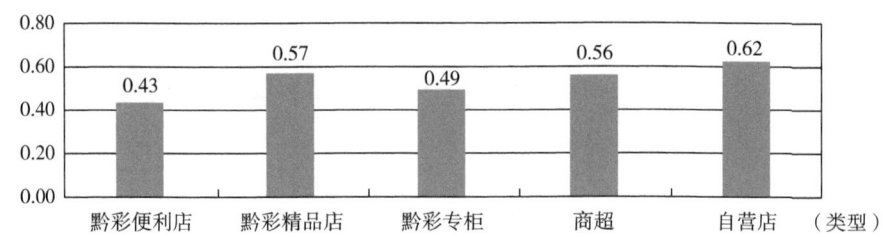

图8-3 各类型门店平均技术效率

从商圈来看，医院商圈平均技术效率为0.85，在所有商圈中最高；其次是公交商圈，平均技术效率为0.62；办公商圈在所有地区中技术效率最低，其平均值为0.45。具体如图8-4所示。

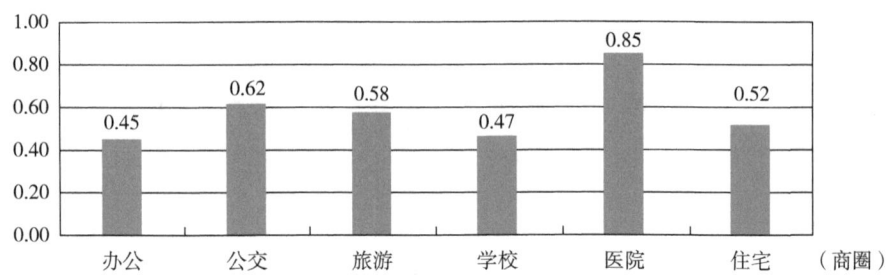

图8-4 各商圈门店平均技术效率

在产出导向径向模型中，在投入不变的情形下，产出改进平均值为160万元。具体到各地区，如图8-5所示，毕节、遵义与安顺地区产出改进平均值均超过200万元，其中毕节地区为254万元。从门店类型来看，黔彩便利店有较大的改进空间，其产出改进平均值为196万元。从商圈来看，学校商圈的产出改进平均值最高，为200万元。

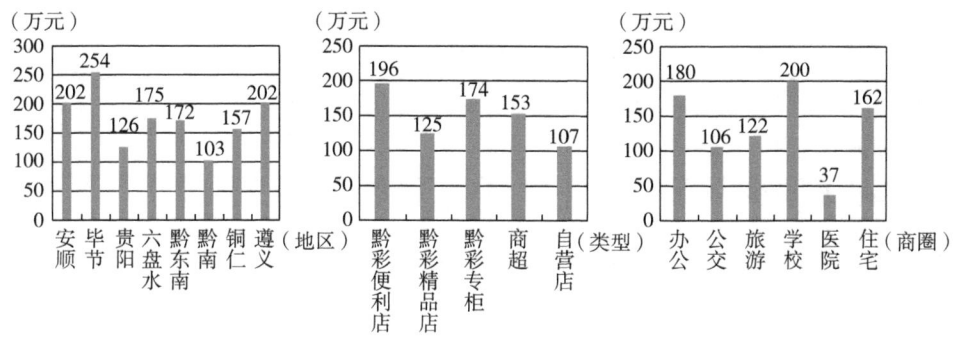

图 8-5 分地区、类型、商圈的产出改进平均值

以上从贵州省范围内 71 个门店按经营效率作了相对评价分析，技术效率为 1 的门店绝大部分属于贵阳，而贵阳作为省会城市，在人口、经济方面具有绝对优势。各区域在经济、人口等宏观因素及其文化上具有差异性，使得各区域消费环境也存在差异性，因此，考虑到这些因素的影响有必要进一步分区域进行 DEA 分析，从而在各区域内进行相对评价，这样可进一步精确投入产出的效率。

二、区域分析

分区域分析有利于各地区门店改进方向。由于铜仁地区只有 1 个门店，无法进行 DEA 分析，因此将该地区排除后总共有 70 个门店。

对各地区分别进行 DEA 分析，结果如表 8-4 所示。贵阳市技术效率为 1 的门店数量为 6 个，占贵阳市总门店数量的 18%，在所有地区中该比例值最低。安顺技术效率为 1 的门店数量为 2 个，占安顺市总门店数量的 67%。技术效率平均值最高的为黔南，其平均值为 0.93；最低的是遵义市，其平均值为 0.62。贵阳市平均每个门店年销售额改进值为 126 万元，而黔南州平均每个门店年销售额改进值只有 8 万元。

表8-4 分地区门店 DEA 分析统计

	技术效率为1门店数量（个）	技术效率为1门店所占比例（%）	技术效率平均值	年销售额改进平均值
安顺	2	67	0.77	41
毕节	2	33	0.76	38
贵阳	6	18	0.63	126
六盘水	2	40	0.71	56
黔东南	2	67	0.78	18
黔南	3	75	0.93	8
遵义	4	27	0.62	78

具体到各地区门店技术效率的分布情况，如表8-5所示。技术效率低于0.5门店数量分布：安顺、毕节、六盘水、黔东南各1个，贵阳有15个，遵义有6个。

表8-5 各地区分段技术效率对应门店数量分布

分段技术效率	安顺	毕节	贵阳	六盘水	黔东南	黔南	遵义	总计
0.1~0.2							1	1
0.2~0.3	1		3	1			3	8
0.3~0.4			7		1		1	9
0.4~0.5		1	5				1	7
0.5~0.6		1	3	1			1	6
0.6~0.7							2	2
0.7~0.8		1	5	1		1		8
0.8~0.9		1	2				1	4
0.9~1	2	2	9	2	2	3	5	25
总计	3	6	34	5	3	4	15	70

从各地区的门店类型来看，安顺黔彩精品店技术效率为0.3，其对应的年销售额改进平均值为123万元。毕节黔彩便利店技术效率为0.6，其对应的年销售额改进平均值为62万元；商超技术效率为0.89，其对应的年销售额改进平均值

为 21 万元。贵阳黔彩精品店技术效率为 1，黔彩便利店技术效率为 0.55，其对应的年销售额改进平均值为 174 万元，在所有类型中效率改进空间最大。六盘水黔彩便利店技术效率为 0.51，其对应的年销售额改进平均值为 94 万元。黔东南黔彩便利店技术效率为 0.67，其对应的年销售额改进平均值为 26 万元。黔南商超技术效率为 0.87，其对应的年销售额改进平均值为 15 万元。遵义黔彩便利店、黔彩专柜、商超、自营店技术效率分别为 0.59、0.30、0.51 和 0.81，对应的年销售额改进平均值分别为 86 万元、138 万元、100 万元和 32 万元。具体如表 8-6 所示。

表 8-6 不同地区各门店类型 DEA 结果统计

类型 地区	黔彩便利店		黔彩精品店		黔彩专柜		商超		自营店	
	技术效率	改进值	技术效率	改进值	技术效率	改进值	技术效率	改进值	技术效率	改进值
安顺	1.00	0	0.30	123			1.00	0		
毕节	0.60	62					0.89	21	1.00	0
贵阳	0.55	174	1.00	0	0.54	156	0.76	82	0.56	120
六盘水	0.51	94					1.00	0	1.00	0
黔东南	0.67	26					1.00	0		
黔南							0.87	15	1.00	0
遵义	0.59	86	1.00	0	0.30	138	0.51	100	0.81	32
总计	0.59	109	0.77	41	0.51	154	0.76	64	0.76	63

第三节 零售行业对标分析

行业对标是指将对标指标与全国乃至全球范围内优秀的同行业企业在管理流程、方法、关键指标等方面进行对比，找出不足和差距并进行改进。黔彩新零售是连锁零售企业，因此对标分析对象主要是零售行业。鉴于数据的可获得性，本书从全国连锁零售企业，贵州连锁零售企业，食品、饮料及烟草制品专门零售，便利店四个方面与黔彩新零售进行对标分析，选取的指标主要包括坪效、人效及店效。

根据年末从业人数、零售营业面积、商品销售额、门店总数，计算得到坪效、人效、店效等数据，如表8-7所示。

表8-7 零售行业对标数据统计

指标	全国连锁零售企业	贵州连锁零售企业	行业：食品、饮料及烟草制品专门零售	业态：便利店	黔彩连锁
年末从业人数（万人）	238.99	1.16	9.27	10.05	0.02
零售营业面积（万平方米）	17924.68	64.3	144.25	273.83	0.43
商品销售额（亿元）	38012.68	76.9	470.31	542.02	1.36
门店总数（个）	249711	1558	23306	28895	74
坪效（万元/平方米）	2.12	1.20	3.26	2.0	3.16
人效（万元/人）	159.06	66.29	50.73	54	67.96
店效（万元/个）	1522.27	493.58	201.80	188	183.69
平均每个门店从业人数（人/个）	10	7	4	3	3
平均每个门店面积（平方米/个）	718	413	62	95	58.32

黔彩新零售的坪效为3.16万元/平方米，高于全国连锁零售企业、贵州连锁零售企业、便利店的坪效水平，但比食品、饮料及烟草制品专门零售行业低0.1万元/平方米。从人效来看，黔彩新零售的人效为67.96万元/人，低于全国连锁零售企业的91.1万元/人，但略高于贵州连锁零售企业，食品、饮料及烟草制品专门零售行业水平。从店效来看，黔彩新零售低于全国连锁零售企业，贵州连锁零售企业，食品、饮料及烟草制品专门零售行业水平。

总体来看，黔彩新零售坪效与人效虽然尚可，但仍然有上升空间。店效无论是在行业还是业态方面都相对较低，表明连锁店规模扩张方面速度较快或者整体管理方面欠规范。

第四节 本章小结

对标分析对于黔彩连锁便利店改进门店业绩具有重要的参考意义。本章先从黔彩连锁便利店内部出发以总体和区域两个角度进行了对标研究，然后从零售行业的角度进行了对标分析。研究结果从内部对标来看，有50个门店效率有待提高，年均销售金额平均可提升52万元；从行业对标来看，店效较低，坪效与人效也有上升空间。

第九章 黔彩新零售数字化智慧运营研究

第一节 智慧零售发展分析

一、智慧零售的概念

电子商务的快速发展,给线下零售终端经营带来了较大压力,其主要面临着竞争激烈、利润偏低等问题。同时线下零售由于经营品种繁多、品牌多样、规格多样,难以有效掌控各类产品的销售情况、库存情况、缺货情况、盈利情况,使得其对未来商品的销售趋势预判存在较大的困难。另外客户群庞大,需求多样化,线下零售对客流量分布、客户购买频率、消费水平等情况的分析以及对客户需求把握、会员忠诚度管理都成为难点。零售业不断扩大规模,门店分布各地,要为不同地域的客户群提供服务,管理上面临规模以及地理扩展的挑战。

实体零售业与数字科技融合为上述问题的解决提供了思路,如通过机器视觉技术、卷积神经网络技术、RFID技术提高对线下顾客的数据采集能力,包括消费者人口统计、行为变化和消费场景等数据收集,以实现线上与线下双向流量的多维数字化。零售业态以大数据作为决策依据,通过智能系统全面覆盖商贸全产业链条,协同供应链的采购、仓储、物流、库存等数据,从前端到后端形成一体化智能管理,实现全场景的数字智慧化。

新零售是一种新的零售模式,是目前区别于传统零售的一种新型零售业态的概念表达。而智慧零售则是新零售实现技术上的概括,是运用互联网、物联网、大数据和人工智能等技术,打造商品、用户、支付等零售要素的数字化,实现采购、销售、服务等零售运营的智能化,以更高的效率、更好的体验为用户提供商品和服务。其主要围绕现有线上和线下业务展开,从而搭建协同的数字化和智能化的零售体系。通过智慧零售,可实现五个方面的提升:

(1)提升经营决策效率。建立全面集成的、跨地区、跨模式的业务分析系统,形成整个公司的"集成化运营分析系统",将企业销售数据、财务数据转换为"业务及时洞察"。

(2)提升品类管理能力。分析公司收入和利润的主要类别结构、品牌结构、价格结构等,并分析产品之间的关联性,指导企业调整品类结构,实现品类合理配置。

(3)提升客户洞察力。收集并集成多方客户信息来源,获取多维客户信息,实时掌握客户的购买行为、购买意向、沟通渠道、忠诚度等,准确了解细分客户群的分布、特征和需求,有针对性地进行客户营销,提升客户价值。

(4)提升供应链掌控和库存管理能力。及时掌控供应商组成、供货情况、供货周期等信息,逐步建立供应商评估机制,加强对供应商的管理,及时掌控产品库存情况、覆盖周期、缺货情况等。

(5)提升精准营销能力。基于对客户信息和商品信息的掌握,加强对客户需求的深入洞察和对产品关联的深入分析,实施个性化营销、定向促销等。

二、智慧零售的要素

(一)数字化平台是基础

零售业数字化平台的搭建是驱动业务运营流程的智能化和作业过程的自动化

的重要基础。数字化包括用户数字化、营销数字化、供应链数字化、渠道数字化和门店数字化,主要围绕"人、货、场"三大零售要素进行数据的采集和打通。以人工智能、VR/AR/MR、云计算、语音识别、机器视觉、物联网和区块链等智能科技的协同应用为基础构建零售业数字化平台,零售业态的全产业链与运营各环节均与数字科技融合,促使线上与线下融为一体、虚拟与现实的边界消失,带动零售业趋向数字化、科学化,实现"人、货、场"趋向最优化匹配,提升内部运营效率以及外部运营效益。

(二)运营流程智能化是实现的关键

零售业本质永远是围绕提升服务品质、降低企业成本、提升运营效率这三大任务布局。如何运用零售运营流程中采集来的数据实现消费场景、营销运营、配送物流、供应链之间的互联和协同才是实现智慧零售的关键。

通过智能科技的运用促使部分运营流程开始智慧化。智慧化转型将进一步推动价值链各环节的数字化,通过与供应链伙伴在信息系统的数据信息共享,打通企业研发、生产、采购、物流、营销、售后等活动的全价值链协同管理,并以消费者大数据作为价值链驱动,借助大数据、云计算、物联网、区块链等分析平台以及人工智能信息系统整合产业链及价值链。管理者运用数字化信息分析和预测,科学推动企业决策机制发生变化,提升商业决策的制定效率,同时提高科学性。

(三)全渠道、多业态和多场景的融合是新常态

消费边界不断模糊,消费场景不断扩充,零售业态不断融合已经成为零售的新常态。网络零售以技术为驱动,能够更了解用户的偏好,增强企业数字化决策能力,但门店自营自建的速度较慢,前期投入成本较高,经营经验不足。相对于网络零售,实体零售的用户体验感更强,实体零售在店铺运营和管理方面经验丰富,同时积累的供应链资源雄厚,连锁经营门店更具有市场先发优势,但实体零售也存在技术实体较差、互联网运营思维不足、企业数字化程度低的问题。因

此，网络零售和实体零售正在快速向对方渗透，通过投资并购、合作试点和孵化自研的方式抢占各种消费市场。

（四）构建以用户为中心的环式价值网是核心

传统零售价值链多以企业为中心，由企业决定管理模式和商品生产，提供的商品和服务同质化严重。企业通过人力、土地和规模化采购来获取竞争优势，通过压低价格获取客户，提升销量。智慧零售则是以消费者为中心，提供个性化的产品和服务，从提升消费者体验出发，重新定义商业模式，优化业务流程。企业通过技术赋能全渠道商业，通过互动、体验来提高品牌粘性，创造新的客户群体和新的需求。

第二节 卷烟智慧零售现状

2018年《全力推动烟草行业高质量发展》报告中指出"坚持以供给侧结构性改革为主线，破除无效供给，化解过剩产能，加大生产、流通、分配、消费各环节结构性改革力度，加快形成生产要素从低质低效领域向优质高效领域流动机制，扩大优质增量供给，不断提高供给体系的质量和效率"。2018年全国烟草行业企业管理会提出"要应用大数据技术，对市场趋势、卷烟流通、零售经营中存在的深层问题进行挖掘和分析，提升卷烟市场运行的调控水平"。可以看出，运用大数据等现代化技术推动卷烟零售高质量发展、增强渠道掌控力是未来卷烟零售发展的必然要求，而智慧零售为这一目标要求的实现提供了重要的支撑。数字化卷烟智慧零售围绕卷烟商业现有线上平台和线下零售店业务展开，搭建协同的数字化和智能化的卷烟及非烟零售体系。

目前，卷烟零售终端与一般零售终端存在较高的重合度，随着"互联网+"

时代的到来，新零售业务模式正在逐渐影响卷烟销售的方方面面。如何适应新零售的业态，并利用新零售"线上线下一体化""消费数据化"等特性，精准获取卷烟消费数据、准确把握市场需求、提升客户服务、促进卷烟消费升级，是现阶段烟草商业企业值得深入思考的问题之一。

2017年11月的大连全国网建会上国家局明确提出要全面推广以全商品扫码、全店铺管理、多方式结算为核心的新零售终端经营模式升级，为行业在新时期的网建明确了方向，拉开了烟草行业卷烟零售终端升级的序幕。2017年大连烟草以互联网为依托，运用大数据、云计算、人工智能等技术手段，形成了以"新商通"为中心，上游连接"微商盟"，下游连接"春天服务"的全新营销体系。2018年，浙江烟草深入推进"互联网＋烟草商业"试点，以数据驱动经营方式升级、业务模式创新、管理效率提升，促进营销业务与新技术深度融合，基本实现从经验营销向数据营销转型，为浙江烟草高质量发展注入了新动力。同年，贵州"黔彩云"零售连锁平台开始建设，架构POS门店端、移动手机端、PC后台管控端、展厅大屏端相结合的功能主体，并与省级卷烟营销平台的数据对接，实现数据链打通与营销管理业务协作的同步，最终实现智慧零售的信息化统一。其他烟草商业企业也积极在卷烟智慧零售方面进行大量研究与应用，但存在以下突出问题：

（一）数字化程度欠缺

全商品扫码、全渠道订货、全方式结算、全店铺管理的模式提出后，直营终端、连锁终端受总部管理影响，数据较真实；但合作终端、普通终端扫码不及时、漏扫错扫导致质量不高，进而导致各环节数据采集的真实性和及时性仍未得到有效保证，过多依靠终端的自觉性开展，有时甚至采取非市场化手段获取，这就导致商品销售信息数据获取不准确、不全面、不及时。下一步，需要在智能监管以及主动性激发机制建立上下功夫。

（二）智能化有待提升

人工智能等技术与卷烟零售终端融合不深，重点终端形象建设轻线上系统延伸，无法提升线上组织化程度，如消费者画像不精确导致消费场景信息无法被有效获取，从而不能尽快形成烟草企业可以分析使用的大数据。目前消费者会员体系以市州为单位建立，无法进行统一运维和服务，一定程度上影响消费者体验。

（三）智慧运营急需升级

由于数字化与智能化的不足，企业对采集的终端数据和消费数据缺乏系统的挖掘，使得消费者层面无法被感知、经营者（店铺）无法有效精准营销和推送信息、商品的关联性研究不深、管理者无法高效快速决策，使得智慧运营急需升级。

如何在已有终端网建工作基础上不断推动卷烟零售终端升级转型，关系到能否实现高质量发展。在大数据环境下，企业开展线上线下业务需要实时处理海量数据并做出决策，传统的决策支持系统或商业智能系统无法胜任。传统的信息系统处理特定的功能需求，缺乏统一的信息标准和数据格式，各系统孤立运行、自成体系，丰富的数据资源难以有效共享，综合利用水平较低。新零售模式下卷烟终端如何转型升级，如何搭建微信或黔彩 App 等移动营销零售终端服务管理平台以及如何推进全商品扫码、全店铺管理、多方式结算为核心的智慧终端经营模式，是当前终端转型升级的关键问题。

数字化技术及人工智能技术通过多年来的积淀，为产业升级和消费升级寻找到了新方向，智慧零售成为新的发展趋势。卷烟智慧零售是烟草商业未来发展的必然途径，也是增强渠道掌控力、提升组织化程度、展示行业品牌影响力的重要抓手，目前烟草行业关于卷烟智慧零售的相关理论研究及实践还处于探索阶段，因此系统性地思考并开展数字化卷烟智慧零售研究与应用显得非常重要与紧迫。在新的发展需求下，设计一种基于大数据技术、适用于各种类型的卷烟与非烟实体终端及网络终端等集成多种零售业态且与各功能系统无缝对接的跨区域运作的零售大数据及商业智能系统已经成为当前行业发展的迫切需求。

第三节 数字化卷烟智慧零售建设思路

在卷烟供应链上下游中,终端销售是最为关键的环节。如何打通消费者"最后一公里"是行业近年来面临的重要问题。作为距离消费者最近的一环,零售终端能否准确匹配消费需求、能否提高自身盈利能力,决定了供应链上游能否获得准确的消费数据,能否完成销量、税利任务,进而影响到行业"两个利益至上"的价值观的实现。根据贵州卷烟智慧零售发展现状与规划,提出贵州数字化卷烟智慧零售"3144"发展模式,即从"人、货、场"三个方面实现门店终端的数字化,在此基础上,搭建一个卷烟智慧零售云平台,对接省级卷烟营销平台和行业卷烟营销监管平台,通过平台大数据融合,建立集门店运营、平衡调控、服务营销、消费跟踪四个功能的应用,在此基础上通过大数据建模全面推进门店管理、供需管理、会员管理、品牌培育四个方面之间的协同和管理决策预警,实现以提升服务品质、降低企业成本、提升运营效率为目标的运营流程的智能化,建设优质高效、充满活力、竞争力强的直营终端,促进直营终端规范、健康、可持续发展。具体如图9-1所示。

一、三大场景实现数字运营

门店是与消费者交互的主要终端,通过终端的数字化,可掌握客流统计、顾客行为、商品状态、门店运营,结合卷烟智慧零售云平台,为卷烟的精准营销、会员管理、商品 SKU 优化、供应链管理及其门店运营提供科学的参考依据。

门店终端数字化包括门店消费的顾客、门店销售的商品及门店管理三个方面的数字化。

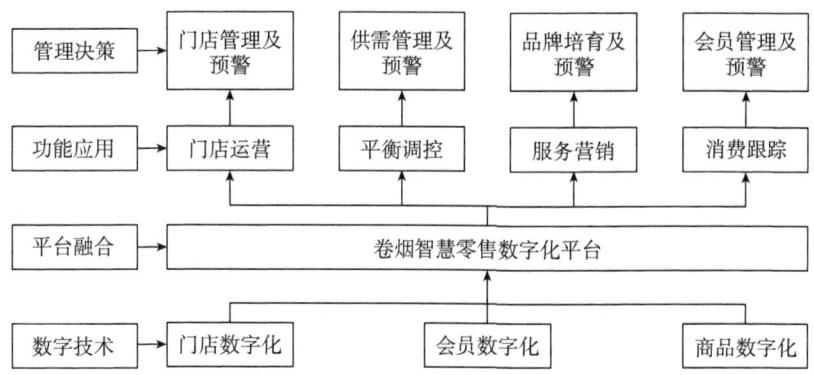

图 9-1　黔彩数字化卷烟智慧零售建设思路

（一）基于机器视觉技术的顾客数字化

1. 进店顾客人脸识别技术

基于人工智能深度学习技术对进店顾客人脸进行检测及识别。采用高性能的级联卷积神经网络 MTCNN 对画面中的人脸进行检测，通过图像预处理、特征提取、分类训练等环节，然后采用基于高性能深度卷积神经网络的人脸识别模型提取人脸特征，所得人脸特征与人脸库中人脸特征进行比对，最后取得分最高且高于识别阈值的人脸作为该人脸的身份 ID。对于比对得分低于识别阈值的人脸进行自动注册并存入人脸特征库。

2. 进出店人数统计

训练基于 MTCNN 级联的卷积神经网络的人头检测模型，对视频帧中人头进行检测，结合人头跟踪算法计算得到人头运动轨迹，进而统计人员进店及出店次数。

（二）基于时序识别技术的门店管理数字化

1. 收银扫码识别技术

采用基于 2D 骨骼关键点检测的深度卷积神经网络提取画面中所有人员的骨骼关键点，人体骨骼关键点能够很好地描述人体姿态以及动作，结合时序分析可以检测到收银人员在交易过程中是否有扫码动作,进而判断收银员操作是否符合规范。

2. 顾客付款识别技术

在交易过程中,顾客的人体骨骼关键点则描述了顾客在交易过程中的动作行为,为了进一步识别顾客采用何种方式支付,时序识别过程中进一步采用高性能YOLO目标检测器检测顾客手中是否有手机或者现金。支付涉及收银员与顾客的交互,因此也需要检测收银台上是否有现金出现以及收银现金柜的开闭情况。基于以上的识别结果在时序统计及严密的逻辑判断后判断顾客是以何种方式支付。

3. 基于热力图技术的门店布局优化分析

通过三维空间重建算法建立实景图到平面图的坐标映射,依次建立每个摄像头观察坐标系到平面空间中的映射关系,并基于特征匹配,对每个进入摄像头监控区域的顾客进行检测,并通过映射关系估算其在摄像头观察坐标系中的位置。

(三)全商品实时扫码技术的商品数字化

通过全商品实时扫码技术分析即时购销存情况从而优化供应及库存,实现SKU精细化管理,进而反向驱动供应链管理模式,通过数据牵引发展逆向供管,精准匹配供需关系,实现对每个商品从生产到最终消费的全线追踪。全商品实时扫码技术与商品管理融合路径是打造智能供应链增值能力的关键技术。

二、智慧平台实现数据融通

零售业数字化平台的搭建是驱动业务运营流程的智能化和作业过程的自动化的重要基础。针对黔彩便利应用数据具有容量大、多样性、非结构化、冗余度大等特点,以及实际业务中快速开展大数据分析处理的应用需求,构建基于大数据技术且适用于黔彩连锁跨区域、多业态、多渠道管理需求,支持横向扩展,具有分布、并行、高效等特点的支持大数据工程全生命周期活动的数字化卷烟智慧平台体系架构,该平台涵盖采购、物流配送、销售、客户关系管理等环节,实现流通链全程智能管理。

具体而言，即在传统的卷烟、非烟、便民服务各项零售业务独立的基础上，通过上述门店终端数字化，结合用户数字化、营销数字化、供应链数字化、渠道数字化，基于"消、零、商、工"四个维度，从工业生产、商业营销、零售户订货、付款到消费者购买、收款全流程整合相关数据，围绕"人、货、场"三大零售要素构建统一的数字化卷烟智慧平台进行数据融合与集成，为零售终端提供以消费者为中心的会员、支付、库存、服务整体打通的全方位销售服务，实现传统零售业态的数字化升级转型。前端为零售客户提供卷烟订货、非烟订货、全面库存管理、基于大数据的销售经营指导、电子支付、便民服务、会员管理等业务；后端实现卷烟及非烟的订货接口，横跨卷烟及非烟的数据采集、分析、利用，大数据层面的经营分析、指导，多渠道的电子支付及供应链金融对接，第三方CRM体系的接入，各类便民服务与末端物流服务的信息化对接，等等。平台通过后端的信息集成与大数据支撑，为零售终端提供一站式的全方位智慧新零售服务。

三、四维体系构建运营管理

（一）消费跟踪

黔彩新零售云平台联合功能终端，实现对购买卷烟及非烟产品的消费者购买行为的长期跟踪和记录，收集真实、固定的消费者信息，建立消费者信息数据库，研究终端消费行为规律，联合工业企业和功能终端，实现消费者信息共享，从而更加有效便捷地分析、应用消费者数据，引导消费者购买行为，进一步提高工商企业满足需求、品牌培育和市场营销的水平，建立"工、商、零、消"一体化的现代卷烟智能营销体系。

（二）服务营销

服务营销是在充分认识卷烟零售客户和消费者需求的前提下，通过零售客户将工作渗透到消费者层次上,从源头抓起,培育消费者满意度和忠诚度。在智慧云平台基础上,搭建客户自律小组、终端服务等基层员工统一使用的平台,解决系统多、数据无法实时同步和获取等问题,让黔彩新零售通过对消费者与零售客户的大数据分析,在细分市场的基础上提供差异化服务,并从整个供应链、零售客户、消费者及其物流四个方面提供精准服务、品质服务、增值服务,形成有形化、标准化的服务品牌。这不仅体现黔彩新零售对零售客户的负责、对消费者市场的负责,而且通过加强沟通,增加黔彩品牌的吸引力,提高竞争力,实现黔彩新零售企业、供应商、零售客户、消费者的"多赢"。

(三)门店运营

黔彩新零售连锁门店通过配备现代化技术设施及信息系统,推进终端智能管理,深化服务内涵,升级消费场景、消费体验和消费文化,打造集产品销售、形象展示、品牌培育、宣传促销、信息采集、消费跟踪、消费体验等功能为一体的综合性服务体验终端。黔彩新零售整合非烟商品营销平台,形成"线上+线下""卷烟+多元"的运行模式。

(四)平衡调控

通过黔彩新零售云平台,以"精准数据"为支撑对接市场需求。依托大数据分析技术,分析判断客户真实扫码情况、市场状态、消费动态及市场发展趋势,及时了解和掌握市场上真实的量、价、存数据,并通过强化工商双方在货源投放策略、购销存数据、市场价格、社会库存状况等方面信息的联通与共享,建立基于大数据货源精准投放策略的卷烟营销调控体系,着力解决评价市场供需、对接市场需求、调控市场状态、共享调控成果等难题,提高企业把握市场、响应市场、服务市场、引导市场的能力和水平。

四、四大预警支撑企业发展

卷烟数字化智慧平台运用查询分析、数据挖掘和联机分析处理等工具对数据仓库的数据进一步处理，为用户提供数据应用服务。数据应用层包括基础应用和高级应用，其中基础应用包括企业报表、即时查询和多维分析等，按照灵活的查询条件和组合方式，为管理人员、业务人员和分析人员提供各种信息指标、统计图表和仪表盘。该模块以电子表格、直方图、饼状图或折线图等形式进行呈现。高级应用包括绩效管理、数据挖掘、预测、监测预警、咨询诊断、决策支持、模拟仿真等。基于人工智能、机器学习、统计分析和计量模型等技术，应用关联规则分析、聚类分析、神经网络、决策树等数据挖掘分析方法，建立预测和监测预警模型，为企业提供高级应用功能。

（一）会员管理及预警

通过人脸识别构建基于RFM的会员价值模型优化会员管理，基于RFM模型建立会员流失预警模型，对会员流失进行预警分析，降低企业客户流失，使企业销售实现可持续性。

根据会员消费特征通过机器学习建立商品推荐与促销模型。通过最优化理论建立会员营销最优折扣促销模块。

通过准确识别会员与非会员身份，并实时反馈给业务管理系统，营业员进而对会员及非会员采取差异性主动服务，能进一步提升营业效率和顾客体验。

（二）供需管理及预警

在产品供需方面，运用统计分析和计量模型建立存销比与投放预警模型，监控市场产品投放与库存风险，预先对存销情况进行预测与预警分析，从企业到市场层面把控销售预警。

（三）门店管理及预警

在这方面，通过神经网络算法根据顾客在店内不同位置的累计驻留时间分别渲染实景热图和全景平面热力图，通过热力图分析门店整体及专柜区域的热力分布，指导门店优化商品与货架布局。

基于MTCNN级联的卷积神经网络进店客流群体分析帮助管理人员掌握厅店

客流的整体情况，及时调整门店运营策略。

基于时序识别技术通过对收银与付款的识别降低财务风险。

根据门店终端所处商圈与区域、门店类型等建立连锁门店销售效能预警评估模型，能够按照日、周、月等周期对连锁实体店面销售情况进行评估和预警，有效提升对连锁型实体店面的管理效率。

（四）品牌培育

立足直营店功能定位，区别于市场化其他同类门店，始终着力于卷烟品牌培育，根据卷烟及非烟商品历史销售规律，对不同品类的卷烟及非烟市场表现，通过建立分类模型将其分为依存性品牌、重点补充性品牌、附属性品牌，根据不同的类型采用不同的品牌培育策略。一是分析品牌引入、成长等全生命周期的关键指标并自动预警；二是分析快销品与卷烟品类、品牌和品规的关联性。

参考文献

[1] 王宝义."新零售"演化和迭代的态势分析与趋势研判[J].中国流通经济,2019,33(10):13-21.

[2] 王宝义."新零售"的本质、成因及实践动向[J].中国流通经济,2017,31(7):3-11.

[3] 鄢章华,刘蕾."新零售"的概念、研究框架与发展趋势[J].中国流通经济,2017,31(10):12-19.

[4] 苏东风."三新"视角的"新零售"内涵、支撑理论与发展趋势[J].中国流通经济,2017,31(9):16-21.

[5] 施德俊.新零售转型升级的创新战略支点——"场"的构建与涌现[J].清华管理评论,2018(6):94-99.

[6] 杨坚争,齐鹏程,王婷婷."新零售"背景下我国传统零售企业转型升级研究[J].当代经济管理,2018,40(9):24-31.

[7] 陈明,邱俊钦."新零售"背景下地标产品演化为区域公共品牌的新模式研究——以赣南脐橙为例[J].企业经济,2017,36(11):28-34.

[8] 徐印州,林梨奎.新零售的产生与演进[J].商业经济研究,2017(15):5-8.

[9] 梁莹莹.基于"新零售之轮"理论的中国"新零售"产生与发展研究

[J]．当代经济管理，2017，39（9）：6-11．

[10] 闫星宇．"新零售"的逻辑蕴涵及发展趋势[J]．社会科学战线，2018（7）：257-261．

[11] 杜睿云，蒋侃．新零售：内涵、发展动因与关键问题[J]．价格理论与实践，2017（2）：139-141．

[12] 王坤，相峰．"新零售"的理论架构与研究范式[J]．中国流通经济，2018，32（1）：3-11．

[13] 赵树梅，徐晓红．"新零售"的含义、模式及发展路径[J]．中国流通经济，2017，31（5）：12-20．

[14] Hamel. Leading the revolution [M]. Boston：Harvard Business School Press，2000．

[15] Osterwalde, et al. Business model generation [M]. Hoboken：John Wiley And Sons，2010．

[16] 潘建林．新零售理论文献综述：兼论四构面商业模式[J]．商业经济研究，2019（5）：9-11．

[17] 邢惠淳．"新零售"背景下生鲜电商商业模式比较分析——以盒马鲜生和每日优鲜为例[J]．商业经济研究，2019（4）：85-87．

[18] 张建军，赵启兰．新零售驱动下流通供应链商业模式转型升级研究[J]．商业经济与管理，2018（11）：5-15．

[19] 郭国庆，王玉玺．"新零售"研究综述——消费体验升级[J]．未来与发展，2019，43（5）：60-64．

[20] 宫春艳．"新零售+共享经济"的产生原因与演进趋势[J]．商业经济研究，2018（11）：65-68．

[21] 时应峰，张洪．新零售智慧门店OMO创新模式研究[J]．商业经济研究，2018（13）：7-10．

[22] 王钰, 李荣锦. 后电商时代新零售模式的创新与发展 [J]. 商业经济研究, 2019 (16): 27-31.

[23] 杜鹏, 周语嫣, 徐津. 新零售背景下全渠道供应链整合实现路径 [J]. 商业经济研究, 2019 (11): 20-23.

[24] 周小波, 刘章勇. 卷烟新零售模式下零售边界与零售创新研究 [J]. 商业经济研究, 2018 (3): 12-14.

[25] 田晶晶, 杨海丽, 杨建安. 新零售: 动因、特征、现状及趋势 [J]. 郑州航空工业管理学院学报, 2018, 36 (3): 57-64.

[26] 刘阳阳. 新零售背景下我国智慧物流的特征、问题及发展路径 [J]. 商业经济研究, 2019 (17): 14-16.

[27] 翟书颖, 李茹, 李婧, 等. 一种融合多源数据的连锁企业选址推荐方法 [J]. 现代电子技术, 2019, 42 (22): 145-149.

[28] 张岩岩, 赫连志巍. 商圈量化分析在零售连锁业选址中的应用 [J]. 价值工程, 2006 (2): 99-101.

[29] Ghosh A. M. S. A model of consumer propensity for multipurpose shopping [J]. Geographical Analysis, 1984, 16 (3): 244-249.

[30] 胡丹丹, 杨超, 杨珺. 基于空间引力模型的选址问题研究 [J]. 公路交通科技, 2009, 26 (5): 103-106.

[31] 王兆峰, 胡郑波. 消费环境与零售企业扩张研究——基于 Huff 模型的商圈分析 [J]. 消费经济, 2008 (1): 47-50.

[32] 王海忠. 商圈研究的理论模型 [J]. 市场与人口分析, 1999 (3): 23-25.

[33] Charnes A., Cooper W. W., Rhodes E. Measuring the efficiency of decision making units [J]. European Journal of Operational Research, 1979, 2 (6): 429-444.

[34] Cook W. D., Seiford L. M. Data envelopment analysis (DEA) – Thirty years on [J]. European Journal of Operation Research, 2009, 192 (1): 1–17.

[35] Liu J. S., Lu L. Y. Y., Lu W. M., et al. Data envelopment analysis 1978–2010: A citation-based literature survey [J]. Omega, 2013, 41 (1): 3–15.